Mathemateg
TGAU

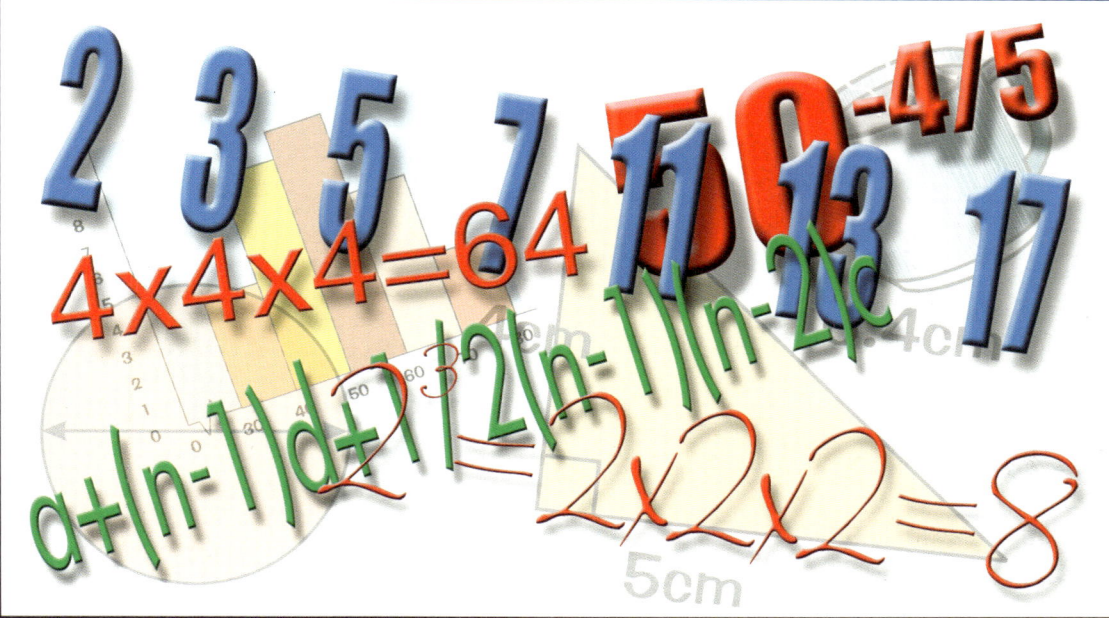

Y Llyfr Adolygu
Lefel Ganolradd

Cynnwys

Adran Un – Rhifau Gan Fwyaf
Dilyniannau Arbennig o Rifau 1
Lluosrifau, Ffactorau a Ffactorau Cysefin 2
LLCLL ac FfCM 3
Rhifau Cysefin 4
Ffracsiynau, Degolion a Chanrannau 5
Talgrynnu 6
Manwl gywirdeb ac Amcangyfrif 8
Ffactorau Trawsnewid 10
Unedau Metrig ac Imperial 11
Ffracsiynau Heb y Cyfrifiannell! 12
Mwy o Ffracsiynau 13
Canrannau 14
Botymau Cyfrifiannell 16
Patrymau Rhif 20
Darganfod yr nfed term 21
Crynodeb Adolygu Adran Un 22

Adran Dau – Siapiau
Polygonau Rheolaidd 23
Cymesuredd 24
Y Siapiau y Dylech eu Hadnabod 26
Arwynebedd 27
Cwestiynau ar Gylchoedd 28
Perimedrau ac Arwynebeddau 29
Cyfaint neu Gynhwysedd 30
Solidau a Rhwydi 31
Hyd, Arwynebedd a Chyfaint 32
Helaethiadau – Y 4 Nodwedd Allweddol 33
Y Pedwar Trawsffurfiad 34
Cyfuniadau o Drawsffurfiadau 35
Geometreg 36
Geometreg y Cylch 38
Nodiant Tair Llythyren ar gyfer Onglau 40
Tafluniadau, Cyfathiant a Chyflunedd 41
Crynodeb Adolygu Adran Dau 43

Adran Tri – Hwn a'r Llall
Cyfeiriannau 43
Fectorau 44
Theorem Pythagoras 45
Trigonometreg – SIN, COS, TAN 46
Locysau a Lluniadau 48
Cymarebau 50
Trionglau Fformiwla 52
Dwysedd a Buanedd 53
Dau Awgrym Wrth Ddefnyddio Fformiwlâu 54
Crynodeb Adolygu Adran Tri 55

Adran Pedwar – Ystadegaeth
Tebygolrwydd 56
Diagramau Coeden 57
Graffiau a Siartiau 58
Diagramau Coesyn a Deilen a Dosraniad 60
Cymedr, Canolrif, Modd ac Amrediad 61
Tablau Amlder 62
Tablau Amlder Grŵp 63
Tablau Amlder Cronnus 64
Cromlin Amlder Cronnus 65
Cyfres Amser 66
Crynodeb Adolygu Adran Pedwar 67

Adran Pump – Graffiau
Cyfesurynnau X, Y a Z 68
Graffiau Hawdd y Dylech eu Gwybod 69
Pedwar Graff y Dylech eu Hadnabod 70
Darganfod Graddiant Llinell 72
Plotio Graffiau Llinell Syth 73
Graffiau Llinell Syth: "y = mx + c" 74
Cwestiynau Cyffredin ar Graffiau 75
Crynodeb Adolygu Adran Pump 77

Adran Chwech – Algebra yn Bennaf
Rhifau Negatif a Llythrennau 78
Ffurf Indecs Safonol 79
Pwerau (neu "Indecsau") 81
Ail Israddau a Thrydydd Israddau 82
Rhoi Gwerthoedd mewn Fformiwlâu 83
Algebra Sylfaenol 84
Hafaliadau Cwadratig 86
Cynnig a Gwella 87
Y Ffordd Hawdd o Ddatrys Hafaliadau 88
Datrys Hafaliadau 89
Ad-drefnu Fformiwlâu 90
Twf a Dadfeiliad Cyfansawdd 91
Hafaliadau Cydamserol 92
Hafaliadau Cydamserol gyda Graffiau 93
Datrys Hafaliadau Gan Ddefnyddio Graffiau 94
Graffiau Teithio 95
Anhafaleddau 96
Anhafaleddau Graffigol 97
Crynodeb Adolygu Adran Chwech 98

Atebion 99
Mynegai 101

ADRAN UN — RHIFAU GAN FWYAF

Dilyniannau Arbennig o Rifau

1) EILRIFAU ... yn Rhannu â 2

2 4 6 8 10 12 14 16 18 20 ...

Mae pob EILRIF yn DIWEDDU â 0, 2, 4, 6 neu 8
e.e. 200, 342, 576, 94

2) ODRIFAU ... DDIM yn rhannu â 2

1 3 5 7 9 11 13 15 17 19 21 ...

Mae pob ODRIF yn DIWEDDU ag 1, 3, 5, 7 neu 9
e.e. 301, 95, 807, 43

3) RHIFAU SGWÂR:

Maen nhw'n cael eu galw'n RHIFAU SGWÂR oherwydd eu bod yn rhoi'r arwynebeddau yn y patrwm hwn o sgwariau:

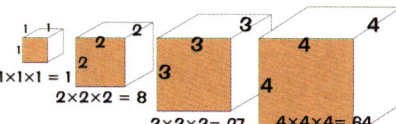

(1×1) (2×2) (3×3) (4×4) (5×5) (6×6) (7×7) (8×8) (9×9) (10×10) (11×11) (12×12) (13×13) (14×14) (15×15)

1 4 9 16 25 36 49 64 81 100 121 144 169 196 225...

differences: 3 5 7 9 11 13 15 17 19 21 23 25 27 29

Sylwer bod y GWAHANIAETHAU rhwng y rhifau sgwâr i gyd yn ODRIFAU.

4) RHIFAU CIWB:

Maen nhw'n cael eu galw'n RHIFAU CIWB oherwydd eu bod yn rhoi'r cyfeintiau yn y patrwm hwn o giwbiau.

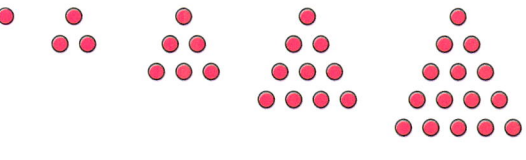

$(1 \times 1 \times 1)$ $(2 \times 2 \times 2)$ $(3 \times 3 \times 3)$ $(4 \times 4 \times 4)$ $(5 \times 5 \times 5)$ $(6 \times 6 \times 6)$ $(7 \times 7 \times 7)$ $(8 \times 8 \times 8)$ $(9 \times 9 \times 9)$ $(10 \times 10 \times 10)$...

1 8 27 64 125 216 343 512 729 1000...

Chwarae teg, mae mathemateg yn ddiddoro tu hwnt, tydi!

5) PWERAU:

"Rhifau wedi eu *lluosi â hwy eu hunain* nifer o weithiau" yw pwerau.

"Dau i'r pŵer tri" = $2^3 = 2 \times 2 \times 2 = 8$

Dyma BWERAU cyntaf 2:

2 4 8 16 32...

$2^1=2$ $2^2=4$ $2^3=8$ $2^4=16$ ayyb...

... a PHWERAU cyntaf 10 (haws fyth):

10 100 1000 10 000 100 000...

$10^1=10$ $10^2=100$ $10^3=1000$ ayyb...

6) RHIFAU TRIONGL:

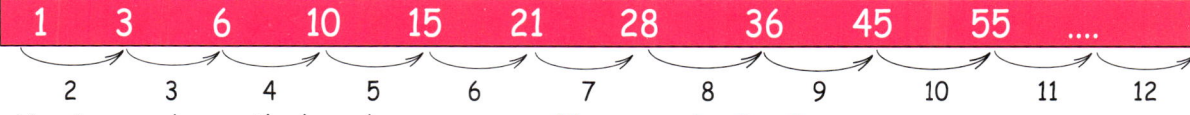

I gofio'r rhifau triongl rhaid i chi ddarlunio'r patrwm cynyddol hwn o drionglau yn eich meddwl, lle mae pob rhes newydd yn cynnwys un smotyn yn fwy na'r rhes o'i blaen.

1 3 6 10 15 21 28 36 45 55 ....

differences: 2 3 4 5 6 7 8 9 10 11 12

Yn sicr mae'n werth dysgu'r patrwm syml hwn o wahaniaethau, yn ogystal â'r fformiwla ar gyfer yr n^{fed} term (gweler Tud. 21) sef:

n^{fed} term = $\frac{1}{2} n(n+1)$

Y Prawf Hollbwysig:

DYSGWCH y 10 RHIF cyntaf ym mhob un o'r chwe dilyniant: EILRIFAU, ODRIFAU, RHIFAU SGWÂR, RHIFAU CIWB a RHIFAU TRIONGL.

1) Cuddiwch y dudalen ac yna ysgrifennwch y 15 rhif cyntaf ym mhob un o'r chwe dilyniant.
2) O'r rhestr hon o rifau: 23, 45, 56, 81, 25, 97, 134, 156, 125, 36, 1, 64 ysgrifennwch: a) yr holl eilrifau b) yr holl odrifau c) yr holl rifau sgwâr ch) yr holl rifau ciwb d) yr holl bwerau o 2 a 10 dd) yr holl rifau triongl.

Lluosrifau, Ffactorau a Ffactorau Cysefin

Lluosrifau

Yn syml, LLUOSRIFAU rhif yw ei DABL LLUOSI:

E.e. lluosrifau 13 yw   13   26   39   52   65   78   91   104   ...

Ffactorau

FFACTORAU rhif yw'r holl rifau sy'n RHANNU'N UNION I MEWN IDDO. Mae ffordd arbennig o ddod o hyd iddynt:

Enghraifft 1: "Darganfyddwch HOLL ffactorau 24".

Dechreuwch gydag 1 x y rhif ei hun, yna cynigiwch 2 x, yna 3 x, ac yn y blaen, gan restru'r parau mewn rhesi fel hyn. Cynigiwch bob un yn ei dro a rhowch farc (-) os nad yw'n rhannu'n union. Yn y diwedd, pan gewch rif sy'n cael ei ailadrodd, stopiwch.

```
1 x 24
2 x 12
3 x 8
4 x 6
5 x -
6 x 4
```
(Cynnydd o 1 bob tro)

Felly FFACTORAU 24 yw
1, 2, 3, 4, 6, 8, 12, 24

Mae'r dull hwn yn sicrhau eich bod yn eu darganfod I GYD ond peidiwch ag anghofio 1 a 24!

Ffactorau   Enghraifft 2: "Darganfyddwch ffactorau 64".

Gwiriwch bob rhif yn ei dro, er mwyn gweld a yw'n rhannu'n union ai peidio. Defnyddiwch eich cyfrifiannell os nad ydych yn hollol sicr.

```
1 x 64
2 x 32
3 x -
4 x 16
5 x -
6 x -
7 x -
8 x 8
```

Felly FFACTORAU 64 yw
1, 2, 4, 8, 16, 32, 64

Mae 8 yn cael ei ailadrodd felly stopiwch yma.

Darganfod Ffactorau Cysefin - Y Goeden Ffactorau

Gellir hollti unrhyw rif yn gyfres o RIFAU CYSEFIN (gweler tud. 4) wedi eu lluosi â'i gilydd. Dyma beth yw 'Mynegi rhif fel lluoswm ei ffactorau cysefin', ac i ddweud y gwir mae'n waith eithaf diflas – ond mae'n cael ei gynnwys yn yr Arholiad, ac nid yw'n rhy anodd cyn belled â'ch bod yn gwybod beth ydyw.

"Dull y Goeden Ffactorau", sy'n eithaf difyr, yw'r gorau, ac yma rydych yn dechrau ar y top ac yn hollti eich rhif yn ffactrau fel y dangosir. Bob tro y byddwch yn cael rhif cysefin rydych yn rhoi cylch o'i gwmpas ac yn y diwedd bydd gennych yr holl ffactorau cysefin, ac yna gallwch eu gosod mewn trefn.

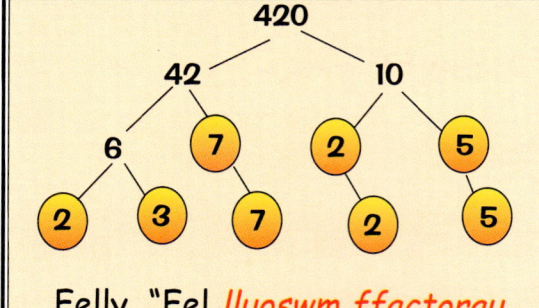

Felly, "Fel lluoswm ffactorau cysefin", 420 = 2x2x3x5x7

Y Prawf Hollbwysig:

DYSGWCH beth yw Lluosrifau, Ffactorau a Ffactorau Cysefin, A SUT I'W DARGANFOD. Cuddiwch y dudalen ac ysgrifennwch hyn.

Yna ceisiwch wneud y canlynol heb gymorth y nodiadau:
1) Gwnewch restr o 10 lluosrif cyntaf 7, a 10 lluosrif cyntaf 9.
2) Gwnewch restr o holl ffactorau 36 a holl ffactorau 84.
3) Mynegwch y canlynol fel lluoswm eu ffactorau cysefin: a) 990   b) 160.

LL.C.LL. ac FF.C.M.

Dau enw mawreddog ond peidiwch â dychryn – mae'r ddau yn ddigon hawdd!

LL.C.LL. – "Lluosrif Cyffredin Lleiaf"

"Lluosrif Cyffredin Lleiaf" – rhaid dweud fod hyn yn swnio'n gymhleth – ond y cwbl mae'n olygu yw:

> Y rhif LLEIAF a fydd yn RHANNU Â'R HOLL rifau dan sylw.

Dull
1) Gwnewch RESTR O LUOSRIFAU'R HOLL rifau.
2) Darganfyddwch y rhif LLEIAF sydd ym MHOB UN o'r rhestrau.
3) Digon hawdd ynte!

Enghraifft Darganfyddwch luosrif cyffredin lleiaf (LL.C.LL.) 6 a 7

Ateb
Lluosrifau 6 yw: 6, 12, 18, 24, 30, 36, ㊷, 48, 54, 60, 66, …
Lluosrifau 7 yw: 7, 14, 21, 28, 35, ㊷, 49, 56, 63, 70, 77, …

Felly lluosrif cyffredin lleiaf (LL.C.LL.) 6 a 7 yw 42.
Mi ddywedais ei fod yn hawdd.

FF.C.M. – "Ffactor Cyffredin Mwyaf"

"Ffactor Cyffredin Mwyaf" – y cwbl mae'n olygu yw hyn:

> Y rhif MWYAF a fydd yn RHANNU I BOB UN o'r rhifau dan sylw.

Dull
1) Gwnewch RESTR o FFACTORAU'r holl rifau.
2) Darganfyddwch yr un MWYAF sydd ym MHOB rhestr.
3) Digon hawdd ynte!

Enghraifft Darganfyddwch ffactor cyffredin mwyaf (FF.C.M.) 36, 54 a 72

Ateb
Ffactorau 36 yw: 1, 2, 3, 4, 6, 9, 12, ⑱, 36
Ffactorau 54 yw: 1, 2, 3, 6, 9, ⑱, 27, 54
Ffactorau 72 yw: 1, 2, 3, 4, 6, 8, 9, 12, ⑱, 24, 36, 72

Felly ffactor cyffredin mwyaf (FF.C.M.) 36, 54 a 72 yw 18.
Digon hawdd!

Cofiwch fod yn ofalus wrth restru'r ffactorau – gofalwch eich bod yn defnyddio'r dull cywir (fel sy'n cael ei ddangos ar y dudalen flaenorol) neu byddwch yn anghofio un a dyna'i diwedd hi.

Y Prawf Hollbwysig:
DYSGWCH ystyr LL.C.LL. ac FF.C.M. a SUT I'W DARGANFOD.
Cuddiwch y dudalen ac ysgrifennwch bopeth.

1) Rhestrwch 10 lluosrif cyntaf 8, a 10 lluosrif cyntaf 9. Beth yw eu LL.C.LL.?
2) Rhestrwch holl ffactorau 56 a holl ffactorau 104. Beth yw eu FF.C.M.?
3) Beth yw Lluosrif Cyffredin Lleiaf 7 a 9?
4) Beth yw Ffactor Cyffredin Mwyaf 36 ac 84?

Rhifau Cysefin

1) Yn syml, ni ellir rhannu Rhifau CYSEFIN ag unrhyw rif ac eithrio ag 1 a'r rhif ei hun.

A dyna'r ffordd orau o feddwl amdanynt.
Felly, Rhifau Cysefin yw'r holl rifau NAD YDYNT yn ymddangos yn y Tablau Lluosi:

> 2 3 5 7 11 13 17 19 23 29 31 37 ...

Fel y gwelwch, maen nhw'n rhifau trafferthus yr olwg. Er enghraifft:

| Yr unig rifau sy'n lluosi i roi 7 yw | 1×7 |
| Yr unig rifau sy'n lluosi i roi 31 yw | 1×31 |

Yn wir, yr unig ffordd i gael UNRHYW RIF CYSEFIN yw .... $1 \times$ Y RHIF EI HUN

2) Maen nhw i gyd yn diweddu ag 1, 3, 7 neu 9

1) NID yw 1 yn rhif cysefin
2) Y pedwar rhif cysefin cyntaf yw 2, 3, 5 a 7
3) Mae'r rhifau 2 a 5 yn EITHRIADAU gan fod y gweddill i gyd yn diweddu ag 1, 3, 7 neu 9
4) Ond NID YW POB rhif sy'n diweddu ag 1, 3, 7 neu 9 yn rhif cysefin, fel y gwelir yma:
    (Dim ond y rhai sydd mewn cylchoedd sy'n rhifau cysefin)

②	③	⑤	⑦
⑪	⑬	⑰	⑲
21	㉓	27	㉙
㉛	33	㊲	39
㊶	㊸	㊼	49
51	㊾	57	㊾
㊹	63	㊿	69

3) SUT I DDARGANFOD RHIFAU CYSEFIN — dull syml iawn

1) Gan fod pob rhif cysefin (sy'n fwy na 5) yn diweddu ag 1, 3, 7 neu 9, yna i ddarganfod rhif cysefin rhwng, dyweder 70 ac 80, yr unig bosibiliadau yw: 71, 73, 77 a 79.
2) Nawr, er mwyn darganfod pa rai ohonynt YW'R rhifau cysefin rhannwch bob un â 3 a 7. Os nad yw'r rhif yn rhannu'n union â 3 nac â 7, yna mae'n rhif cysefin.
    (Mae'r rheol syml hon sy'n defnyddio 3 a 7 yn ddilys ar gyfer darganfod rhifau cysefin hyd at 120)

Felly, i ddarganfod y rhifau cysefin rhwng 70 ac 80, ceisiwch rannu 71, 73, 77 a 79 â 3 ac â 7:

$71 \div 3 = 23.667$, $71 \div 7 = 10.143$ felly MAE 71 yn rhif cysefin
                                    (gan ei fod yn diweddu ag 1, 3, 7 neu 9 ac nid yw'n rhannu'n union â 3 nac â 7)

$73 \div 3 = 24.333$, $73 \div 7 = 10.429$ felly MAE 73 yn rhif cysefin

$79 \div 3 = 26.333$, $79 \div 7 = 11.286$ felly MAE 79 yn rhif cysefin

$77 \div 3 = 25.667$ OND: $77 \div 7 = 11$ — Mae 11 yn rhif cyfan (neu 'gyfanrif'), felly NID YW 77 yn rhif cysefin, gan ei fod yn rhannu â 7 ($7 \times 11 = 77$)

Y Prawf Hollbwysig: DYSGWCH y prif bwyntiau yn y 3 ADRAN uchod.

Nawr cuddiwch y dudalen ac ysgrifennwch bopeth rydych newydd ei ddysgu.
1) Ysgrifennwch y 15 rhif cysefin cyntaf (heb edrych yn y llyfr).
2) Gan ddefnyddio'r dull uchod, darganfyddwch yr holl rifau cysefin rhwng 90 a 110.

ADRAN UN — RHIFAU GAN FWYAF

Ffracsiynau, Degolion a Chanrannau

Un gair a allai ddisgrifio'r tri hyn yw CYFRANNEDD. Tair ffordd wahanol o fynegi cyfrannedd o rywbeth yw ffracsiynau, degolion a chanrannau, ac mae'n eithaf pwysig eich bod yn gweld eu bod yn perthyn yn agos i'w gilydd a'u bod yn gydgyfnewidiol. Mae'r tabl hwn yn dangos y trawsnewidiadau mwyaf cyffredin y dylech eu gwybod yn syth, heb orfod eu cyfrifo:

Ffracsiwn	Degolyn	Canran
1/2	0.5	50%
1/4	0.25	25%
3/4	0.75	75%
1/3	0.333333	33%
2/3	0.666667	67%
1/10	0.1	10%
2/10	0.2	20%
X/10	0.X	X0%
1/5	0.2	20%
2/5	0.4	40%

Mae gan 1/3 a 2/3 yr hyn a elwir yn ddegolion 'cylchol' - mae'r un patrwm o rifau yn dal i ailadrodd ei hun am byth. (Yma, fodd bynnag, un rhif 3 neu un rhif 6 yn unig yw'r patrwm. Mae'n bosibl, er enghraifft, cael: 0.143143143...) Mae'r degolyn 2/3 yn diweddu â 7 oherwydd mae wedi cael ei dalgrynnu.

Gorau po fwyaf o drawsnewidiadau fel hyn y byddwch yn eu dysgu - ond yn achos y rhai nad ydych yn eu gwybod, rhaid i chi ddysgu hefyd sut i drawsnewid rhwng y tri math hyn. Dyma'r dulliau:

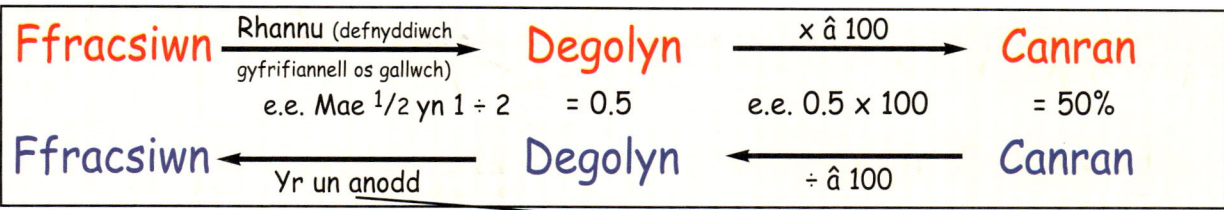

Dim ond degolion union heb eu talgrynnu y gellir eu trawsnewid yn ffracsiynau. Mae hyn yn ddigon syml, ond y ffordd orau yw rhoi enghreifftiau, felly edrychwch ar T.12 a chwiliwch am y rheol syml. Yna dylech fedru llenwi gweddill y tabl hwn:

Ffracsiwn	Degolyn	Canran
1/5		
	0.35	
		45%
	0.12	
1/8		
	0.77	

Y Prawf Hollbwysig:

DYSGWCH y tabl cyntaf ar y dudalen i gyd a'r 4 proses ar gyfer trawsnewid FfDC.

Nawr cuddiwch y dudalen ac ysgrifennwch y tabl cyntaf oddi ar eich cof, ac yna'r pedair rheol ar gyfer trawsnewid. Yna llenwch pob bwlch yn yr ail dabl uchod.

ADRAN UN — RHIFAU GAN FWYAF

Talgrynnu

Mae _dwy ffordd wahanol_ o nodi _ym mhle_ y dylid _talgrynnu_ rhif, sef "Lleoedd Degol" a "Ffigurau Ystyrlon". "Lleoedd Degol" yw'r ffordd hawsaf.

Gallai'r cwestiwn ddweud "_...i 5 LLE DEGOL_" neu "_... i 4 FFIGUR YSTYRLON_". Peidiwch â phoeni, dim ond ffyrdd gwahanol o _leoli'r DIGID OLAF_ yw'r rhain. Pa ffordd bynnag a ddefnyddir, mae'r _dull sylfaenol_ o dalgrynnu _bob amser yr un fath_ ac fe'i _dangosir isod_:

Mae'r Dull Sylfaenol yn cynnwys Tri Cham

1) Nodwch leoliad y DIGID OLAF.

2) Yna edrychwch ar y digid nesaf i'r DDE – hwn yw'r PENDERFYNWR.

3) Os yw'r PENDERFYNWR yn 5 neu fwy, yna TALGRYNNWCH y DIGID OLAF. Os yw'r PENDERFYNWR yn 4 neu lai, yna gadewch y DIGID OLAF fel y mae.

ENGHRAIFFT: "_Beth yw 7.45839 i 2 Le Degol?_"

7.45839 = 7.46

Y DIGID OLAF fydd yn cael ei ysgrifennu (2il le degol oherwydd rydym yn talgrynnu i 2 Le Degol)

PENDERFYNWR

Mae'r DIGID OLAF yn talgrynnu I FYNY oherwydd bod y PENDERFYNWR yn 5 neu fwy.

Lleoedd Degol (ll.d)

Mae hyn yn eithaf hawdd:

1) Er mwyn talgrynnu i 4 lle degol, dyweder, y DIGID OLAF fydd y 4ydd ar ôl y pwynt degol.
2) Ni ddylid cael unrhyw ddigidau eraill ar ôl y DIGID OLAF (hyd yn oed sero).

ENGHREIFFTIAU O LEOEDD DEGOL Rhif gwreiddiol: 43.319461

Wedi ei dalgrynnu i 5 lle degol (5 ll.d.) 45.31946 (y PENDERFYNWR oedd 1, felly peidiwch â thalgrynnu i fyny)
Wedi ei dalgrynnu i 4 lle degol (4 ll.d.) 45.3195 (y PENDERFYNWR oedd 6, felly talgrynnwch i fyny)
Wedi ei dalgrynnu i 3 lle degol (3 ll.d.) 45.319 (y PENDERFYNWR oedd 4, felly peidiwch â thalgrynnu i fyny)
Wedi ei dalgrynnu i 2 le degol (2 ll.d.) 45.32 (y PENDERFYNWR oedd 9, felly talgrynnwch i fyny)

Y Prawf Hollbwysig:

DYSGWCH 3 Cham y Dull Sylfaenol a'r 2 Bwynt Ychwanegol ar gyfer Lleoedd Degol.

Nawr cuddiwch y dudalen ac ysgrifennwch yr hyn rydych wedi ei ddysgu. Yna rhowch gynnig arall arni nes byddwch yn ei wybod.

1) Talgrynnwch 3.5743 i 2 le degol
2) Mynegwch 0.0481 i 2 le degol
3) Ysgrifennwch 12.9096 i 3 ll.d.
4) Mynegwch 3546.054 i 1 ll.d.

Adran Un — Rhifau Gan Fwyaf

Talgrynnu

Ffigurau Ystyrlon (Ffig. Yst.)

Mae'r dull ar gyfer ffigurau ystyrlon yn <u>union yr un fath</u> â'r dull ar gyfer lleoedd degol ond ei bod yn fwy anodd darganfod <u>lleoliad</u> y <u>DIGID OLAF</u> – <u>fyddai pethau ddim mor ddrwg heblaw am y SEROAU</u>..

1) Yn syml, <u>ffigur ystyrlon 1af</u> unrhyw rif yw'r DIGID CYNTAF NAD YW'N SERO.

2) Mae'r <u>2il, 3ydd, 4ydd ffigur ystyrlon</u>, ayyb yn dilyn yn syth ar ôl y 1af, P'UN AI YDYNT YN SEROAU AI PEIDIO.

e.e.　　0.002309　　　　　　2.03070

Ffig Yst:　1af　2il　3ydd　4ydd　　　　1af　2il　3ydd　4ydd

(Os ydym yn talgrynnu i 3 ffig. yst. dyweder, yna'r DIGID OLAF yw'r 3ydd ffig. yst.)

3) Ar ôl <u>talgrynnu'r</u> DIGID OLAF, dylid newid pob digid arall yn <u>SERO hyd at y pwynt degol</u>, OND NID AR ÔL y pwynt degol.

Ni ddylid byth rhoi <u>unrhyw sero</u> ychwanegol <u>ar ôl</u> y pwynt degol

Enghreifftiau	*i 4 ffig. yst.*	*i 3 ffig. yst.*	*i 2 ffig. yst.*	*i 1 ffig. yst.*
1) 54.7651	54.77	54.8	55	50
2) 17.0067	17.01	17.0	17	20
3) 0.0045902	0.004590	0.00459	0.0046	0.005
4) 30895.4	30900	30900	31000	30000

CYFEILIORNAD POSIBL O HANNER UNED WRTH DALGRYNNU

Bob tro y bydd mesuriad yn cael ei <u>dalgrynnu</u> i <u>UNED</u> benodol gall y <u>gwir fesuriad</u> fod hyd at <u>HANNER UNED</u> yn fwy neu yn llai.

Enghreifftiau:
1) Mae ystafell yn cael ei disgrifio fel "<u>9 m o hyd i'r METR agosaf</u>" – gallai ei gwir hyd fod yn unrhyw fesur rhwng <u>8.5 m a 9.5 m</u> – h.y. HANNER METR o boptu 9 m.
2) Pe byddai'n cael ei disgrifio fel "<u>9.4 m, i'r 0.2 m agosaf</u>", yna gallai fod yn unrhyw fesur rhwng <u>9.3 m a 9.5 m</u> – h.y. <u>0.1 m o boptu 9.4 m</u>.
3) "Mae gan ysgol 460 o ddisgyblion i 2 Ffig. Yst." (h.y. i'r 10 agosaf) – gallai'r gwir ffigur fod yn unrhyw nifer <u>rhwng 455 a 464</u>. – (Pam nad yw'n 465?)

Y Prawf Hollbwysig:

DYSGWCH bopeth ar y dudalen hon, yna cuddiwch hi ac ysgrifennwch bopeth rydych wedi ei ddysgu.

1) Talgrynnwch y canlynol i 2 Ll.D. a) 3.408 b) 1.051 c) 0.068 ch) 3.596
2) Talgrynnwch y canlynol i 3 Ffig. Yst., <u>ac ar gyfer pob un</u> dywedwch pa un o'r <u>3 rheol SERO</u> sy'n berthnasol: a) 567.78 b) 23445 c) 0.04563 ch) 0.90876
3) Dywedir bod car yn 17 troedfedd o hyd i'r droedfedd agosaf. Beth yw hyd hwyaf posibl a hyd lleiaf posibl y car mewn troedfeddi a modfeddi? (e.e. 14 troedfedd 4 modfedd).

ADRAN UN — RHIFAU GAN FWYAF

Manwl gywirdeb ac Amcangyfrif

Manwl gywirdeb Priodol

Yn yr Arholiad mae'n eithaf tebygol y cewch gwestiwn yn gofyn am "radd briodol o fanwl gywirdeb" ar gyfer mesuriad arbennig. Felly sut ydych chi'n penderfynu beth yw *manwl gywirdeb priodol*? Y gyfrinach ar gyfer hyn yw nifer y ffigurau ystyrlon (gweler tud. 7) yr ydych yn eu rhoi i'r rhif, a dyma'r rheolau yn syml:

1) Ar gyfer mesuriadau heb fod yn rhy bwysig, 2 FFIGUR YSTYRLON yw'r mwyaf addas.

ENGHREIFFTIAU:
- COGINIO – 250 g (2 ffig. yst.) o siwgr, (nid 253 g (3 Ffig. Yst.), neu 300 g (1 Ffig. Yst.))
- PELLTER TAITH – 450 milltir neu 25 milltir neu 3500 milltir (i gyd i 2 ffig. yst.)
- ARWYNEBEDD GARDD NEU LAWR – 330 m^2 neu 15 m^2

2) Ar gyfer PETHAU PWYSICACH NEU DECHNEGOL, mae 3 FFIGUR YSTYRLON yn hanfodol.

ENGHREIFFTIAU:
- HYD fydd yn cael ei DORRI I FFITIO, e.e. Byddech yn mesur silff yn 25.6 cm o hyd (ac nid 26 cm neu 25.63 cm)
- FFIGUR TECHNEGOL, e.e. 34.2 milltir y galwyn, (yn hytrach na 34 m.y.g.)
- Unrhyw fesuriad MANWL GYWIR â phren mesur: e.e. 67.5 cm, (nid 70 cm neu 67.54 cm)

3) Dim ond ar gyfer GWAITH GWIR WYDDONOL y byddech yn cael mwy na 3 Ffig. Yst.

Er enghraifft, dim ond rhywun hynod o awyddus fyddai eisiau gwybod hyd darn o linyn i'r ddegfed ran agosaf o mm – er enghraifft 34.46cm. (*Trist iawn!*)

Amcangyfrif Cyfrifiadau

Cyn belled â'ch bod yn sylweddoli beth a ddisgwylir, mae hyn yn HAWDD IAWN. Mae rhai pobl yn drysu'n lân wrth or-gymhlethu pethau. Er mwyn cael amcangyfrif o rywbeth, dyma sy'n raid i chi ei wneud:

> 1) TALGRYNNWCH BOPETH gan adael RHIFAU HWYLUS hawdd.
> 2) Yna CYFRIFWCH YR ATEB gan ddefnyddio'r rhifau hawdd hynny
> – a dyna ni!

Nid oes raid i chi boeni bod yr ateb yn "anghywir", oherwydd yr unig beth yr ydym yn ei wneud yw ceisio cael syniad bras o faint yr ateb iawn, e.e. a yw tua 20 neu tua 200?

Peidiwch ag anghofio, fodd bynnag, y bydd angen i chi ddangos yr holl gamau yn yr Arholiad, er mwyn profi nad dim ond defnyddio cyfrifiannell a wnaethoch.

Enghraifft: *Cwestiwn*: AMCANGYFRIFWCH werth $\frac{127.8 + 41.9}{56.5 \times 3.2}$ gan ddangos eich holl waith cyfrifo.

ATEB:

$$\frac{127.8 + 41.9}{56.5 \times 3.2} \approx \frac{130 + 40}{60 \times 3} \approx \frac{170}{180} \approx 1$$

(Mae "≈" yn golygu "bron yn hafal i")

Manwl gywirdeb ac Amcangyfrif

Amcangyfrif Arwynebedd a Chyfaint

Nid yw hyn yn rhy anodd chwaith cyn belled â'ch bod yn DYSGU DAU GAM y dull:

1) Lluniwch neu ddychmygwch BETRYAL NEU GIWBOID o faint tebyg i'r gwrthrych yn y cwestiwn.
2) Talgrynnwch yr hydoedd i gyd i'r RHIF CYFAN AGOSAF, ac yna cyfrifwch – hawdd!

ENGHREIFFTIAU:

a) Amcangyfrifwch arwynebedd y siâp hwn:

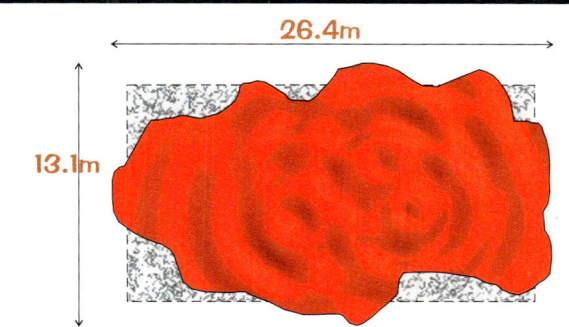

Mae arwynebedd y siâp yn fras yn hafal i arwynebedd y petryal sydd wedi ei lunio â llinellau bylchog.
h.y. 26 m × 13 m = 338 m²
(neu, heb gyfrifiannell: 30 × 10 = 300 m²)

b) Amcangyfrifwch gyfaint y botel:

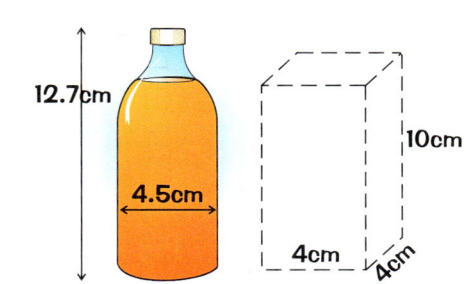

Mae cyfaint y botel yn fras yn hafal i gyfaint y ciwboid sydd wedi ei lunio â llinellau bylchog.
= 4 × 4 × 10
= 160 cm³

Amcangyfrif Ail Israddau

Mae hyn yn edrych yn ddychrynllyd – ond chewch chi ddim trafferth os ydych yn gwybod eich rhifau sgwâr (T.1).

1) Darganfyddwch y DDAU RIF SGWÂR O BOPTU'R rhif dan sylw.
2) Darganfyddwch yr AIL ISRADDAU a dewiswch RIF SYNHWYROL RHYNGDDYNT.

ENGHRAIFFT: "Amcangyfrifwch $\sqrt{85}$ heb ddefnyddio cyfrifiannell." — Gweler ail israddau ar dud. 82

① Y rhifau sgwâr o boptu 85 yw 81 a 100.

② Yr ail israddau yw 9 a 10, felly mae'n rhaid bod $\sqrt{85}$ rhwng 9 a 10. Ond mae 85 yn llawer agosach at 81 nag at 100, felly mae'n rhaid bod $\sqrt{85}$ yn llawer agosach at 9 nag at 10. Felly dewiswch 9.1, 9.2 neu 9.3.
(Yr ateb, os ydych eisiau gwybod, yw 9.2195..)

Y Prawf Hollbwysig:

DYSGWCH y 3 RHEOL ar gyfer Manwl Gywirdeb Priodol a'r 4 RHEOL ar gyfer Amcangyfrif.

Yna cuddiwch y dudalen ac ysgrifennwch yr holl reolau gan ddibynnu ar eich cof.

YNA CEISIWCH WNEUD Y CANLYNOL:
1) Penderfynwch i ba gategori o fanwl gywirdeb y dylai'r canlynol berthyn ac yna eu talgrynnu:
   a) Jar o jam sy'n pwyso 34.56 g b) Car â buanedd uchaf o 134.25 mya
   c) Teisen sydd angen 852.3 g o flawd ch) Bwrdd sy'n 76.24 cm o uchder.
2) Amcangyfrifwch y canlynol: a) arwynebedd Prydain mewn milltiroedd sgwâr, b) cyfaint potel laeth mewn cm³. 3) Amcangyfrifwch y canlynol: a) $\sqrt{34}$ b) $\sqrt{5}$ c) $\sqrt{61}$ ch) $\sqrt{22}$

Ffactorau Trawsnewid

Mae defnyddio Ffactorau Trawsnewid yn ffordd dda iawn o ddelio ag amrywiaeth eang o gwestiynau ac mae'r dull yn un hawdd iawn.

Dull

1) Darganfyddwch y Ffactor Trawsnewid (bob amser yn hawdd)
2) Lluoswch A rhannwch â hwn
3) Dewiswch yr ateb sy'n gwneud synnwyr

Tair Enghraifft Bwysig

1) "Trawsnewidiwch 2.55 awr yn funudau". (NID 2 awr 55 munud yw'r ateb)
  1) Ffactor trawsnewid = 60 — (gan fod 1 awr = 60 munud)
  2) 2.55 awr × 60 = 153 munud (sy'n gwneud synnwyr)
     2.55 awr ÷ 60 = 0.0425 munud (ateb afresymol!)
  3) Felly, yr ateb yn amlwg yw bod 2.55 awr = 153 munud (= 2awr 33 munud)

2) "Os yw £1 = 1.43 Ewro, faint yw 47.36 Ewro mewn £ a cheiniogau?"
  1) Mae'n amlwg fod y Ffactor Trawsnewid = 1.43 ('y gyfradd gyfnewid')
  2) 47.36 × 1.43 = 66.72
     47.36 ÷ 1.43 = 33.12
  3) Y tro hwn nid yw pethau mor amlwg, ond os yw 1.5 Ewro = £1 yn fras, yna ni all 47 Ewro fod yn llawer — yn sicr ni all fod yn £67, felly mae'n rhaid mai £33.12 yw'r ateb.

3) "Mae graddfa map yn 1:20,000. Pa wir bellter mae 3 cm ar y map yn ei gynrychioli?"

  1) Ffactor Trawsnewid = 20 000
  2) 3 cm × 20 000 = 60 000 cm (mae hyn yn edrych yn iawn)
     3 cm ÷ 20 000 = 0.00015cm (ddim yn edrych yn iawn)
  3) Felly 60,000 cm yw'r ateb.
     Sut mae trawsnewid hwn yn fetrau?

  Trawsnewid 60,000 cm yn fetrau:
  1) Ff.T. = 100 (cm ⟷ m)
  2) 60,000 × 100 = 6,000,000m (tybed?)
     60,000 ÷ 100 = 600m (sy'n nes ati)
  3) Felly, yr ateb yw 600 m

Y Prawf Hollbwysig:
DYSGWCH 3 cham y Dull Ffactor Trawsnewid. Yna cuddiwch y dudalen a'u hysgrifennu.

1) Trawsnewidiwch 2.3 km yn fetrau.
2) Pa un yw'r mwyaf, £34 neu 52 Ewro? (Defnyddiwch 1.43)
3) Graddfa map yw 2 cm = 5 km. Hyd ffordd yw 8 km. Sawl cm fydd hyn ar y map? (Awgrym, Ff.T. = 5 ÷ 2, h.y. 1 cm = 2.5 km)

ADRAN UN — RHIFAU GAN FWYAF

Unedau Metrig ac Imperial

Mae'r rhain yn *Hawdd*! — Gofalwch eich bod yn eu dysgu.

Unedau Metrig

1) Hyd — mm, cm, m, km
2) Arwynebedd — mm², cm², m², km²
3) Cyfaint — mm³, cm³, m³, litrau, ml
4) Pwysau — g, kg, tunelli metrig
5) Buanedd — km/awr, m/s

DYSGWCH Y FFEITHIAU ALLWEDDOL HYN:

1cm = 10mm	1 dunnell = 1000kg
1m = 100cm	1 litr = 1000ml
1km = 1000m	1 litr = 1000cm³
1kg = 1000g	1 cm³ = 1 ml

Unedau Imperial

1) Hyd — Modfeddi, troedfeddi, llathenni, milltiroedd
2) Arwynebedd — Modfeddi sgwâr, troedfeddi sgwâr, llathenni sgwâr, milltiroedd sgwâr
3) Cyfaint — Modfeddi ciwbig, troedfeddi ciwbig, galwyni, peintiau
4) Pwysau — Ownsys, pwysi, stonau, tunelli
5) Buanedd — mya

DYSGWCH Y RHAIN HEFYD!

- 1 Droedfedd = 12 Modfedd
- 1 Llathen = 3 Troedfedd
- 1 Galwyn = 8 Peint
- 1 Ston = 14 Pwys (lb)
- 1 Pwys = 16 Owns (Oz)

Trawsnewidiadau Metrig – Imperial

MAE ANGEN I CHI DDYSGU'R RHAIN – efallai na fyddant wedi eu rhoi i chi yn yr Arholiad.

TRAWSNEWIDIADAU BRAS

1 kg = 2¼ lbs	1 galwyn = 4.5 litr
1m = 1 llathen (+ 10%)	1 droedfedd = 30cm
1 litr = 1¾ peint	1 dunnell fetrig = 1 dunnell imperial
1 fodfedd = 2.5 cm	1 filltir = 1.6km neu 5 milltir = 8 km

Defnyddio Ffactorau Trawsnewid Metrig – Imperial (Gweler tud. 10)

1) *Trawsnewidiwch 45 mm yn cm.*
   ATEB: Ff.T. = 10, felly x neu ÷ â 10, sy'n rhoi 450 cm neu 4.5 cm. (Synhwyrol).
2) *Trawsnewidiwch 37 modfedd yn cm.*
   ATEB: Ff.T. = 2.5, felly x neu ÷ â 2.5, sy'n rhoi 14.8 cm neu 92.5 cm.
3) *Trawsnewidiwch 5.45 litr yn beintiau*
   ATEB Ff.T. = 1¾, felly x neu ÷ â 1.75, sy'n rhoi 3.11 neu 9.54 peint.

Y Prawf Hollbwysig:

DYSGWCH y 21 Ffactor Trawsnewid yn y bocsys uchod yna cuddiwch y dudalen a'u hysgrifennu i gyd.

1) Sawl litr sydd mewn 3½ galwyn?
2) Sawl llathen (yn fras) yw 200 m?
3) Hyd rhoden yw 46 modfedd. Faint yw hyn mewn cm?
4) Pris petrol yw £2.83 y galwyn. Faint fydd cost un litr?
5) Mae car yn teithio ar 65 mya. Beth yw ei fuanedd mewn km/awr?

ADRAN UN — RHIFAU GAN FWYAF

Ffracsiynau Heb y Cyfrifiannell!

Mae cyfrifo ffracsiynau *ar bapur* yn waith diflas ... felly fe fyddai'n ddoeth i chi ddysgu'r criw bach yma *cyn yr arholiad*!

1) Trawsnewid Ffracsiynau yn Ddegolion — RHANNWCH

Y cwbl sydd raid i chi gofio yw bod " / " yn golygu "÷", felly mae $1/4$ yn golygu $1 \div 4 = 0.25$

Mae *enwadur* (rhif gwaelod) ffracsiwn, yn dweud wrthych a fydd yn ddegolyn *cylchol* ynteu'n *ddegolyn terfynus* pan fyddwch yn ei drawsnewid.

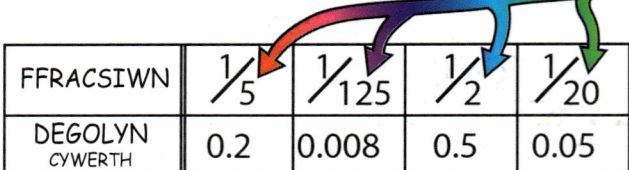

ffactorau cysefin yn unig: 2 a 5

Gweler ffactorau cysefin ar dud. 2

ffactorau cysefin eraill hefyd

FFRACSIWN	1/5	1/125	1/2	1/20
DEGOLYN CYWERTH	0.2	0.008	0.5	0.05

1/7	1/35	1/3	1/6
0.142857	0.0285714	0.3333	0.16666

Bydd ffracsiynau lle mae *ffactorau cysefin* yr enwadur yn *2 neu 5 yn unig* yn rhoi *degolion terfynus*. Bydd yr holl *ffracsiynau eraill* yn rhoi *degolion cylchol*.

2) Trawsnewid Degolion yn Ffracsiynau

— mae'r rheol yn syml, felly chwiliwch chi am yr ateb!:

$0.6 = 6/10$, $0.3 = 3/10$, $0.7 = 7/10$, $0.X = X/10$, a.y.y.b.

$0.12 = 12/100$, $0.78 = 78/100$, $0.45 = 45/100$, $0.05 = 5/100$, a.y.y.b.

$0.345 = 345/1000$, $0.908 = 908/1000$, $0.024 = 24/1000$, $0.XYZ = XYZ/1000$, a.y.y.b.

Gellir *canslo'r* rhain wedyn

A chofiwch — mae pob degolyn *cylchol* yr un fath â ffracsiynau (union).

Â Llaw

1) Lluosi - hawdd
Lluoswch y top a'r gwaelod ar wahân:

$$3/5 \times 4/7 = \frac{3 \times 4}{5 \times 7} = 12/35$$

2) Rhannu - eithaf hawdd
Trowch yr *2il ffracsiwn Â'I BEN I LAWR* ac yna *lluosi*:

$$3/4 \div 1/3 = 3/4 \times 3/1 = \frac{3 \times 3}{4 \times 1} = 9/4$$

3) Adio, tynnu - llawn peryglon
Adiwch neu dynnwch yn y LLINELLAU TOP YN UNIG ond *dim ond os yw'r rhifau ar y gwaelod yr un fath*.
(Os nad ydynt yr un fath, yna gall pethau fynd yn gymhleth iawn - gweler gyferbyn.)

$$2/6 + 1/6 = 3/6$$
$$5/7 - 3/7 = 2/7$$

4) Canslo - hawdd
Rhannwch y top a'r gwaelod â'r un rhif, hyd nes nad yw'n bosibl rhannu ymhellach:

$$18/24 \xrightarrow{\div 3} 6/8 \xrightarrow{\div 2} 3/4$$

5) Darganfod ffracsiwn o rywbeth — lluoswch.
Lluoswch y 'rhywbeth' â THOP y ffracsiwn, yna *rhannwch* ef â'r GWAELOD:

$$\frac{9}{20} \text{ o } £360 = \{(9) \times £360\} \div (20) = \frac{£3240}{20} = £162$$

neu $\frac{9}{20}$ o $£360 = \frac{9}{1} \times £360 \times \frac{1}{20} = £162$

ADRAN UN — RHIFAU GAN FWYAF

Mwy o Ffracsiynau

6) Hafalu'r Enwaduron – *pam o pam...*

Mae arnoch angen hyn p'un ai ydych yn defnyddio'ch *cyfrifiannell neu beidio*. Mae'n ddefnyddiol wrth drefnu ffracsiynau yn ôl maint, ac mae ei angen arnoch i adio a thynnu ar bapur. Er mwyn gwneud y rhif gwaelod yr un fath, mae angen i chi ddarganfod lluosrif cyffredin yr holl enwaduron:

Enghraifft: Rhowch y ffracsiynau hyn mewn trefn esgynnol: $8/3$, $6/4$, $12/5$

⟹ Lluosrif Cyffredin Lleiaf = $3 \times 4 \times 5 = 60$ ⟹ $8/3 = 8/3 \times 20/20 = 160/60$

Gweler T.3 felly rhowch yr holl ffracsiynau dros 60 ... $6/4 = 6/4 \times 15/15 = 90/60$ ⟹ $90/60$, $144/60$, $160/60$

(cofiwch fod unrhyw rif wedi ei rannu ag ef ei hun = 1) $12/5 = 12/5 \times 12/12 = 144/60$ **NEU**: $6/4$, $12/5$, $8/3$

Os fedrwch chi, defnyddiwch eich cyfrifiannell i wneud y ffracsiynau i gyd mewn arholiad. Mae'n gwneud synnwyr...

Y Botwm Ffracsiwn:

Defnyddiwch hwn gymaint â phosibl yn yr Arholiad. Mae'n ddigon hawdd i'w ddefnyddio, felly gofalwch eich bod yn gwybod sut i wneud – neu gallwch golli llawer o farciau:

1) I FEWNBYNNU FFRACSIWN CYFFREDIN fel $1/4$ Pwyswch: [1] [a b/c] [4]

2) I FEWNBYNNU FFRACSIWN CYMYSG fel $1\ 3/5$ Pwyswch: [1] [a b/c] [3] [a b/c] [5]

3) I WNEUD CYFRIFIAD CYFFREDIN fel $1/5 \times 3/4$

Pwyswch: [1] [a b/c] [5] [X] [3] [a b/c] [4] [=]

4) I GANSLO FFRACSIWN I'W DERMAU ISAF

Mewnbynnwch y ffracsiwn ac yna pwyswch [=]

e.e. $9/12$, [9] [a b/c] [12] [=] 3⌐4 = $3/4$

5) I DRAWSNEWID RHWNG RHIFAU CYMYSG A FFRACSIYNAU PENDRWM

Pwyswch: [SHIFT] [a b/c] e.e. i fynegi $2\ 3/8$ fel ffracsiwn pendrwm:

Pwyswch: [2] [a b/c] [3] [a b/c] [8] [=] i fewnbynnu'r ffracsiwn, yna [SHIFT] [a b/c] i'w drawsnewid yn $19/8$.

Y Prawf Hollbwysig:

DYSGWCH y 2 Reol ar gyfer trawsnewid Ffracsiynau ↔ Degolion, y 4 Dull ar Bapur a 5 nodwedd y Botwm Ffracsiwn.

Yna cuddiwch y ddwy dudalen hyn ac ysgrifennwch yr hyn rydych chi wedi ei ddysgu.

1) Gwnewch y canlynol *GAN DDEFNYDDIO'CH CYFRIFIANNELL*:
   a) $1/2 \times 3/4$ b) $3/5 \div 2/9$ c) $1/3 + 2/5$ ch) Darganfyddwch x: $2\ 3/5 = x/5$
   d) Darganfyddwch y: $14/98 = y/7$ dd) Trawsnewidiwch $3/8$ yn ddegolyn
   e) Trawsnewidiwch 0.035 yn ffracsiwn, ac yna canslwch.
2) Gwnewch y canlynol *AR BAPUR*:
   a) $2/3 \times 4/5$ b) $4/5 \div 3/10$ c) $5/6 - 2/6$ ch) Mynegwch $36/84$ yn ei ffurf symlaf.
   d) Cyfrifwch $12/19 \times 133$.   dd) Cyfrifwch $12/19 \times 134$. Mynegwch eich ateb fel ffracsiwn.

(Pssssst... yr hyn mae hyn yn ei olygu yw yn hytrach na rhoi'r ateb fel degolyn, e.e. 1.25, byddech chi'n ei roi fel $1\ 1/4$. Gofalwch eich bod yn gwybod sut i wneud hyn – gallent ofyn i chi wneud hyn yn yr Arholiad).

ADRAN UN — RHIFAU GAN FWYAF

Canrannau

Yn wahanol i'r hyn mae'r rhan fwyaf o bobl yn ei gredu mae <u>tri math amwlg</u> o gwestiynau ar ganrannau. Felly mae'n <u>hanfodol</u> eich bod yn gallu gwneud y canlynol:

> 1) Gwahaniaethu rhwng y tri math
> 2) Cofio'r DULL ar gyfer pob un ohonynt

Math 1 — GELLIR ADNABOD Y RHAIN OHERWYDD Y SYMBOL "%" YN Y CWESTIWN

Dyma'r math hawsaf – ac maen nhw i gyd ar y ffurf:

DARGANFYDDWCH "hyn a hyn" % O "rywbeth arall"

Er enghraifft: Darganfyddwch 15% <u>o</u> £25

Dull

1) <u>YSGRIFENNWCH</u>   15%   O   £25
2) <u>NEWIDIWCH</u>: $\frac{15}{100}$ X   25 = <u>£3.75</u>
3) <u>GWIRIWCH</u> FOD YR ATEB YN UN <u>SYNHWYROL</u>.

Cofiwch:
1) Mae "O" yn golygu "X"
2) Mae "Y CANT" yn golygu "ALLAN O GANT", felly mae 15% <u>yn golygu</u> "15 allan o 100", h.y. $\frac{15}{100}$

Math 2 — GELLIR ADNABOD Y RHAIN WRTH Y GAIR "CANRAN" YN Y CWESTIWN

Maen nhw i gyd ar y ffurf:

MYNEGWCH "un peth" FEL CANRAN O "rywbeth arall".

Er enghraifft: Mynegwch 35c <u>fel canran</u> o £2.80

Dull — Ff.D.C.

Ff D C: Ffracsiwn — Degolyn — Canran
(Gweler tud. 5) $\frac{35}{280}$ $\xrightarrow{35 \div 280}$ 0.125 $\xrightarrow{\times 100}$ <u>12.5%</u>

Gnewch <u>ffracsiwn</u> gan ddefnyddio'r ddau rif – a rhoi'r <u>rhif lleiaf ar y top</u> bob amser.

<u>Rhannwch</u> y rhifau er mwyn cael <u>degolyn</u>

Yna <u>lluoswch â</u> <u>100</u> er mwyn cael <u>canran</u>

ADRAN UN — RHIFAU GAN FWYAF

Canrannau

Math 3 — GELLIR ADNABOD Y RHAIN GAN _NAD_ YDYNT YN RHOI'R "_GWERTH GWREIDDIOL_"

Dyma'r math y mae'r rhan fwyaf yn ei gael yn anghywir – ond dim ond oherwydd nad ydynt yn sylweddoli mai cwestiynau math 3 ydyn nhw ac felly ddim yn defnyddio'r dull syml canlynol:

Enghraifft:
Mae gwerth tŷ yn cynyddu 20% i £72,000. Darganfyddwch ei werth _cyn_ y cynnydd.

Dull

```
              £72,000   =   120%
÷ 120 {
              £600      =   1%
× 100 {
              £60,000   =   100%
```
Felly, y pris gwreiddiol oedd £60,000

Mae _cynnydd_ o 20% yn golygu bod £72,000 yn cynrychioli _120% o'r gwerth gwreiddiol_.
Pe bai'n _OSTYNGIAD_ o 20%, yna byddem yn rhoi "_£72,000 = 80%_" yn lle hynny, ac yna'n rhannu ag _80_ ar yr ochr chwith yn hytrach na 120.

Cofiwch osod y gwaith cyfrifo yn union fel y dangosir yn yr enghraifft hon. Y darn anoddaf yw penderfynu pa un yw'r ffigur % top ar yr ochr dde — mae'r 2il a'r 3edd rhes _bob amser_ yn 1% a 100%.

Newid y Cant (_Enghraifft bwysig o fath 2_)

Mae'n eithaf arferol dangos _newid mewn gwerth_ fel _canran_.
Dyma'r fformwla ar gyfer hyn — _DYSGWCH HI A'I DEFNYDDIO_:

$$\text{"NEWID" Y CANT} = \frac{\text{"NEWID"}}{\text{GWREIDDIOL}} \times 100$$

Gall "newid" olygu pob math o bethau megis: "elw", "colled", "arbrisiant", "dibrisiant", "cynnydd", "lleihad", "cyfeiliornad", "disgownt", ayyb

Enghraifft: "Mae siopwr yn prynu beiros am 8 ceiniog yr un ac yn eu gwerthu am 10c yr un. Beth yw ei elw _FEL CANRAN_?

Y ddau rif rydym eisiau eu _cymharu_ yw'r _ELW_ (sef 2 c) a'r gost _WREIDDIOL_ (sef 8 c).

$$\text{"elw" canrannol} = \frac{\text{"elw"}}{\text{gwreiddiol}} \times 100 = \frac{2}{8} \times 100 = 25\%$$

felly mae'r siopwr yn gwneud _25% o elw ar y beiros_.

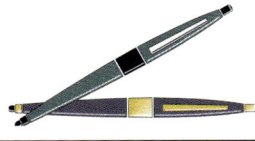

Y Prawf Hollbwysig:

DYSGWCH y 3 Math, sut i'w _hadnabod_, a'r _Dull_ ar gyfer pob un. DYSGWCH hefyd y _Fformiwla ar gyfer Newid Canrannol_.

Nawr _cuddiwch y dudalen ac ysgrifennwch yr holl fanylion_ rydych chi newydd eu dysgu.

Nodwch p'un ai Math 1, 2 neu 3 yw'r canlynol a defnyddiwch y dull addas ar gyfer pob un ohonynt. _Cofiwch ymarfer nes gallwch eu gwneud heb gymorth y nodiadau_:

1) Mae masnachwr yn prynu watsys am £5 ac yn eu gwerthu am £7. Darganfyddwch beth yw ei elw mewn £ ac yna mynegwch hyn fel canran.
2) Darganfyddwch gyfanswm cost bil plymwr a ysgrifennwyd fel hyn: "£36 + 17.5% TAW".
3) Pris car ar ôl colli 30% o'i werth yw £14,350. Beth oedd ei werth gwreiddiol?

Botymau Cyfrifiannell 1

Mae'r tudalennau nesaf yn llawn o driciau cyfrifiannell gwych i arbed llawer o bwyso botymau. Mae dau fath o gyfrifiannell – yr hen fath a'r math newydd arbenigol â dangosydd dwy linell.

Yr Hen Fath o Gyfrifiannell:

Dim ond rhifau y mae'r rhain yn eu dangos. Maen nhw'n cyfrifo bob tro rydych yn pwyso allwedd gweithredu.

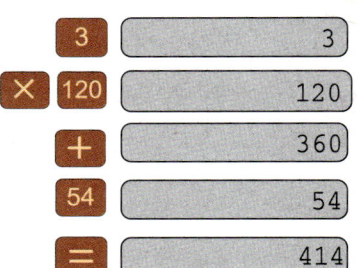

C LLED-DDIDDYMU ac AC DIDDYMU POPETH

Bydd y botwm C ond yn diddymu'r RHIF YR YDYCH YN EI ROI I MEWN.

Mae AC yn clirio'r cyfrifiad cyfan.

Os ydych yn defnyddio C yn lle AC pan fyddwch wedi taro'r botwm anghywir, byddwch yn HANERU'R amser yr ydych yn ei dreulio'n cywiro camgymeriadau!

Cyfrifiannell â Dangosydd 2 linell:

Mae'r cyfrifianellau arbenigol hyn yn gwbl gyffredin erbyn hyn. Maen nhw'n eithaf hawdd i'w defnyddio oherwydd rydych yn teipio'r rhan fwyaf o gyfrifiadau yn union fel y maen nhw wedi eu hysgrifennu. Fel hyn:

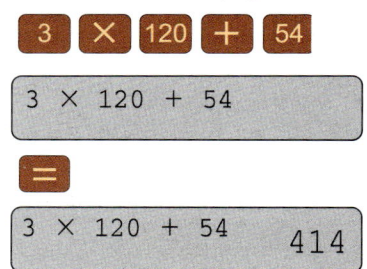

DEL Y Botwm Diddymu

Mae pwyso'r botwm DEL yn diddymu'r hyn rydych wedi ei deipio i mewn, fesul botwm (yn union fel ar gyfrifiadur), felly mae'n llawer cynt na phwyso AC ac ailddeipio'r cyfrifiad i gyd. Defnyddiwch DEL neu byddwch mewn HELYNT OFNADWY!

Cyrch allweddi ◀ ▶

Mae'r cyrch allweddi hyn ◀ a ▶ yn ddefnyddiol iawn ar gyfer golygu'r hyn yr ydych wedi ei deipio. (Mae'n debyg y byddwch yn darganfod eich bod yn trosysgrifo'r hyn a oedd yno cynt, ond gallwch newid hyn â'r botwm INS i fewnosod, yn hytrach na throsysgrifo.)

1) Mewnbynnu rhifau negatif

Mae gan rai cyfrifianellau fotwm +/−. Er mwyn bwydo rhif minws, mae angen i chi bwyso hwn ar ôl bwydo'r rhif. Dim ond botwm minws (−) sydd gan lawer o gyfrifianellau a rhaid pwyso hwn cyn bwydo'r rhif.

Felly er mwyn cyfrifo −5 × − 6 byddech yn pwyso un ai ... (−) 5 × (−) 6 =

neu ... 5 +/− × 6 +/− =

Pam na fedran nhw fod yr un fath i gyd...
(Yn yr enghreifftiau yn y llyfr hwn defnyddir y botwm , ond os yw'ch cyfrifiannell chi yn wahanol gofalwch eich bod yn gwybod sut i'w ddefnyddio!).

Botymau Cyfrifiannell 2

2) Sgwâr, Ail Isradd a Thrydydd Isradd

Y botymau SGWÂR, AIL ISRADD A THRYDYDD ISRADD yw [x²] [√] a [³√].

1) Mae'r botwm [x²] yn sgwario'r rhif rydych chi wedi ei deipio, h.y. MAE'N EI LUOSI Â'I HUNAN. Mae'n ddelfrydol ar gyfer darganfod arwynebedd cylch, gan ddefnyddio'r fformiwla gyfarwydd:
   $A = \pi r^2$ e.e. os yw r = 5 yna pwyswch [3.14] [×] [5] [x²] [=] sy'n rhoi 78.5.
   (Er mwyn cael ateb mwy cywir, defnyddiwch y botwm π, sef ail ffwythiant y botwm EXP fel arfer)

2) Y BROSES GILDRO i [x²] yw [√] — mae'n cyfrifo AIL ISRADD y rhif rydych chi'n ei fwydo i'r cyfrifiannell. Wrth bwyso [√] [25] [=] fe gewch 5 yna mae [x²] [=] yn dod â chi'n ôl at 25.

3) Mae [³√] yn rhoi'r TRYDYDD ISRADD (Gweler T.82) sef gwrthdro CIWBIO rhif.
   e.e. Mae [³√] [27] [=] yn rhoi 3, yna mae pwyso [x³] [=] yn dod â chi yn ôl at 27.

3) Mae Cyfrifianellau hen yn cyfrifo pethau Am yn ôl

Ar rai cyfrifianellau, yn enwedig rhai hen, mae angen i chi fwydo llawer o gyfrifiadau *am yn ôl*. E.e. os ydych yn cyfrifo ail isradd rhif, byddech yn bwydo'r rhif yn gyntaf ac *yna*'n pwyso'r ail isradd.

[25] [√]   5

Neu os byddech chi'n teipio ffwythiant trigonometrig fel sin 45°, byddech yn gwneud hyn:

[45] [SIN]   0.70716718

Nid oes angen i chi bwyso'r hafalnod wrth gyfrifo ffwythiannau ar un o'r cyfrifianellau hyn. Bydd yn eu cyfrifo yn awtomatig – chwarae teg.

4) Y BOTYMAU COF ([STO] Storio, [RCL] Atgofio)

(Ar rai cyfrifianellau gelwir y botymau cof yn [Min] (memory in) ac [MR] (memory recall – atgofio).)
Cofiwch, nid rhywbeth a ddefnyddir i storio hoff rifau ffôn yw'r cof, ond ffordd ddefnyddiol tu hwnt o gadw rhif rydych chi newydd ei gyfrifo, fel y gallwch ei ddefnyddio eto'n fuan wedyn.

Gyda chyfrifiad fel $\frac{16}{15+12SIN40}$ gallech gyfrifo'r *llinell isaf* yn gyntaf a'i *storio yn y cof*:

Pwyswch [15] [+] [12] [SIN] [40] [=] ac yna [STO] (Neu [STO] [M] neu [STO] [1] neu [Min]) i storio canlyniad y llinell isaf yn y cof.
Yna rydych yn pwyso [16] [÷] [RCL] [=], a'r ateb yw 0.7044.
(Efallai y bydd angen i chi deipio [RCL], neu [RCL] [M], neu [RCL] [1] yn lle [MR] ar eich cyfrifiannell chi.)

Wedi i chi gael ychydig o ymarfer ar ddefnyddio'r botymau cof, byddwch yn eu gweld yn ddefnyddiol iawn. Byddan nhw'n cyflymu pethau i chi.

ADRAN UN — RHIFAU GAN FWYAF

Botymau Cyfrifiannell 3

5) Corlat a'r Botymau Cromfachau

Y BOTYMAU CROMFACHAU yw (a) .
Un o'r problemau mwyaf y mae pobl yn ei gael wrth ddefnyddio cyfrifianellau yw peidio â deall bod y cyfrifiannell bob amser yn gweithio gan ddilyn TREFN ARBENNIG, a grynhoir gan y gair CORLAT (gweler tud. 83), sydd yn cynrychioli:

Cromfachau, O (flaen), Rhannu, Lluosi, Adio, Tynnu

Mae hyn yn hynod o bwysig pan fyddwch eisiau cyfrifo rhywbeth syml fel $\frac{23 + 45}{64 \times 3}$ Byddai'n wirion pwyso 23 + 45 ÷ 64 × 3 = — sydd yn hollol anghywir. Byddai'r cyfrifiannell yn meddwl eich bod yn golygu $23 + \frac{45}{64} \times 3$ oherwydd bydd yn gwneud y *rhannu a'r lluosi* CYN yr *adio*.

Y gyfrinach yw ANWYBYDDU trefn awtomatig CORLAT o wneud pethau trwy ddefnyddio'r BOTYMAU CROMFACHAU. Cromfachau yw'r flaenoriaeth gyntaf un yn CORLAT, sy'n golygu bod unrhyw beth sydd rhwng y cromfachau yn cael ei gyfrifo cyn i unrhyw beth arall ddigwydd. Felly, y cwbl sydd raid i chi ei wneud yw

1) Ychwanegu parau o gromfachau i'r mynegiad: $\frac{(23 + 45)}{(64 \times 3)}$

2) Yna mewnbynnu popeth fel mae wedi ei ysgrifennu:

(23 + 45) ÷ (64 × 3) =

Efallai eich bod yn meddwl ei bod yn anodd gwybod ym mhle i osod y cromfachau. Nid yw mor anodd â hynny: gosodwch nhw mewn parau o amgylch pob grŵp o rifau.
Does dim o'i le mewn cael cromfachau o fewn rhai eraill chwaith, e.e. (4 + (5÷2))
Fel rheol, does dim o'i le ar gael gormod o gromfachau,

CYN BELLED Â'U BOD BOB AMSER MEWN PARAU.

6) Y Botwm Ffracsiwn: $a^{b/c}$

Mae'n hollol hanfodol eich bod yn dysgu sut i ddefnyddio'r botwm hwn ar gyfer cyfrifo ffracsiynau. Ceir manylion llawn ar T. 13.

7) Y Botwm Pwerau: x^y

Defnyddir hwn ar gyfer darganfod pwerau rhifau yn gyflym. Er enghraifft, i ddarganfod 7^5, yn hytrach na phwyso $7 \times 7 \times 7 \times 7 \times 7$ pwyswch 7 5 =

ADRAN UN — RHIFAU GAN FWYAF

Botymau Cyfrifiannell 4

8) Y Botwm Ffurf Safonol

Y BOTWM FFURF SAFONOL yw [EXP] neu [EE].

Yr unig adeg y byddwch yn defnyddio hwn yw wrth fewnbynnu rhifau a ysgrifennwyd yn eu *ffurf safonol* i'r cyfrifiannell.

Byddai'n llawer haws pe byddai wedi cael ei labelu'n [x10^n] gan mai dyna ddylech chi ei alw wrth ei bwyso: "*Lluosi â deg i'r pŵer* ..."

> Er enghraifft, er mwyn mewnbynnu 6×10^3 YR UNIG FOTYMAU I'W PWYSO YW: [6] [EXP] [3]
>
> ac NID [6] [×] [10] [EXP] [3] fel y mae llawer yn ei wneud.

Mae pwyso [×] [10] yn ogystal ag [EXP] yn GAMGYMERIAD MAWR, oherwydd mae'r [EXP] YN CYNNWYS "x10" YN BAROD. Dyma pam y dylech chi ddweud "LLUOSI Â 10 I'R PŴER ..." wrthych chi eich hun bob tro y byddwch yn pwyso'r botwm [EXP], er mwyn osgoi'r camgymeriad cyffredin hwn.

9) Moddau

Mae hyn yn anodd a does dim angen bod yn gyfarwydd ag ef oni bai y gallwch weithiau fynd yn ddamweiniol i'r modd anghywir, a byddai pob math o anawsterau yn codi pe na fyddech yn gwybod sut i ddychwelyd i normalrwydd.

Ar eich cyfrifiannell mae dewis o 3 MODD GWAHANOL:

MODD CYFRIFO
Bydd angen y modd COMP. Dyma'r modd ar gyfer gwneud cyfrifiadau normal. Ar gyfrifianellau CASIO, ceir hwn ar y ddewislen gyntaf a gewch wrth bwyso [MODE].

MODD ONGLAU
Bydd angen y modd graddau arnoch (bydd DEG bychan neu D ar y dangosydd pan fyddwch yn y modd hwn). Ar gyfrifianellau CASIO, byddech yn pwyso [MODE] ddwywaith i gael y ddewislen gywir.

MODD ARDDANGOS
Bydd arnoch angen y modd NORM gan amlaf. Diben y moddau eraill yw dangos nifer arbennig o leoedd degol (FIX) neu nifer o ffigurau ystyrlon (SCI).
(chwaraewch efo'r rhain — maen nhw'n hwyl... hynny yw, gallan nhw fod yn ddefnyddiol... o bosib.)

Y Prawf Hollbwysig:

DYSGWCH BETH YW GWAITH BOTYMAU'R CYFRIFIANNELL. Cofiwch YMARFER nes y byddwch yn gallu gwneud hyn i gyd heb gyfeirio'n ôl:

1) Beth yw gwaith y botymau [x^2] a [√] ?
2) Beth sy'n raid i chi ei bwyso i ddarganfod 17^2?   3) Sut fyddech chi'n mewnbynnu -5×-8?
4) Eglurwch beth mae [STO] ac [RCL] yn ei wneud a rhowch enghraifft i ddangos sut y defnyddir nhw.
5) Pryd y defnyddir y botwm [a^b/c]?
6) Sut fyddech chi'n mewnbynnu 6^8?   7) Sut fyddech chi'n mewnbynnu 6×10^8?
8) Beth ddylai ymddangos ym mhen uchaf y dangosydd: DEG, RAD ynteu GRAD?

Adran Un — Rhifau Gan Fwyaf

Patrymau Rhif

Mae hwn yn bwnc hawdd, ond gofalwch eich bod yn gwybod beth yw'r CHWE math o ddilyniant, ac nid y rhai cyntaf yn unig. Y gyfrinach fawr yw ysgrifennu'r gwahaniaethau yn y bylchau rhwng pob pâr o rifau. Fel arfer, drwy wneud hynny, gallwch weld beth sy'n digwydd, beth bynnag fo'r dilyniant.

1) "Gwahaniaeth Cyffredin" – hawdd iawn

e.e. 7 11 15 19 23   112 105 98 91 84 77
       4   4   4   4   7   7   7   7   7

2) "Gwahaniaeth Cynyddol"

Yma mae'r gwahaniaeth yn cynyddu'r un faint bob tro:

e.e. 8 11 15 20 26
       3   4   5   6   7

3) "Gwahaniaeth Lleihaol"

Yma mae'r gwahaniaethau yn lleihau'r un faint bob tro:

e.e. 53 43 34 26 19 13
       10   9   8   7   6

4) "Ffactor Lluosi"

Yn y math hwn mae LLUOSYDD cyffredin sy'n cysylltu pob pâr o rifau

e.e. 5 10 20 40
      x2 x2 x2 x2

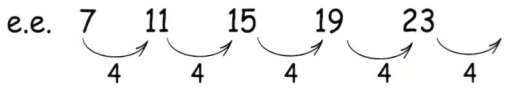

5) "Ffactor Rhannu"

Yn y math hwn mae RHANNYDD cyffredin sy'n cysylltu pob pâr o rifau:

e.e. 189 63 21 7
       ÷3 ÷3 ÷3 ÷3

6) "Adio Termau Blaenorol"

Adiwch y ddau derm cyntaf i gael y 3ydd, yna adiwch yr 2il a'r 3ydd i gael y 4ydd, ayyb

e.e. 1 1 2 3 5 8 13 21
        1+1 1+2 2+3 3+5 5+8 8+13 13+21

Y Prawf Hollbwysig:

DYSGWCH y 6 math o batrymau rhif. Yna cuddiwch y dudalen ac atebwch y canlynol:

1) ODDI AR EICH COF, ysgrifennwch enw pob math o ddilyniant rhif a rhowch enghraifft o bob un ohonynt.
2) Darganfyddwch y ddau derm nesaf yn y dilyniannau canlynol:
   a) 2,6,18,54...   b) 1,3,4,7,11....   c) 3,5,8,12,17,...   ch) 128,64,32,...

ADRAN UN — RHIFAU GAN FWYAF

Darganfod yr n^{fed} Term

Fformiwla sy'n cynnwys "n" ac sy'n rhoi pob term mewn dilyniant pan fyddwch yn rhoi gwahanol werthoedd n ynddi yw'r "n^{fed} term". Mae dau fath gwahanol o ddilyniant (ar gyfer cwestiynau "n^{fed} term") a rhaid eu trin mewn gwahanol ffyrdd:

Gwahaniaeth Cyffredin: "gn + (a − g)"

Ar gyfer unrhyw ddilyniant megis 3, 7, 11, 15, lle mae GWAHANIAETH CYFFREDIN: 4 4 4

gallwch ddarganfod "yr n^{fed} term"

Peidiwch ag anghofio bob tro drwy ddefnyddio'r FFORMIWLA:

$$n^{fed}\ term = gn + (a - g)$$

1) "a" yw gwerth y TERM CYNTAF yn y dilyniant.
2) "g" yw gwerth y GWAHANIAETH CYFFREDIN rhwng y termau.
3) I gael yr n^{fed} term, yr unig beth sydd raid ei wneud yw darganfod gwerthoedd "a" ac "g" yn y dilyniant a'u gosod yn y fformiwla.
   Mae n yn aros fel y mae.
4) Wrth gwrs BYDD RHAID I CHI DDYSGU'R FFORMIWLA.

Enghraifft:
"Darganfyddwch n^{fed} term y dilyniant hwn: 5, 8, 11, 14, ..."

ATEB:
1) Y fformiwla yw gn + (a − g)
2) Y term cyntaf yw 5, felly a = 5   Y gwahaniaeth cyffredin yw 3 felly g = 3
3) Mae gosod y rhain yn y fformiwla yn rhoi: n^{fed} term = 3n + (5 − 3)
   felly n^{fed} term = 3n + 2

Gwahaniaeth sy'n Newid: "a + (n−1)g + ½(n−1)(n−2)C"

Os yw'r dilyniant rhif yn un lle mae'r gwahaniaeth rhwng y termau yn cynyddu neu'n lleihau, yna mae pethau'n llawer mwy cymhleth (mae'r fformiwla uchod yn dangos hyn – a bydd rhaid i chi ei dysgu!) Yn yr achos hwn mae angen newid TAIR llythyren:

"a" yw'r TERM CYNTAF,
"g" yw'r GWAHANIAETH CYNTAF (rhwng y ddau rif cyntaf),
"C" yw'r CYNNYDD RHWNG UN GWAHANIAETH A'R NESAF.

Enghraifft:
"Darganfyddwch n^{fed} term y dilyniant hwn: 2, 5, 9, 14, ..."   3 4 5

ATEB:
1) Y fformiwla yw "a + (n−1)g + ½(n−1)(n−2)C"
2) Y term cyntaf yw 2, felly a = 2   Y gwahaniaeth cyntaf yw 3 felly g = 3
3) Mae'r gwahaniaeth yn cynyddu 1 bob tro felly C = +1

Mae gosod y rhain yn y fformiwla yn rhoi: "2 + (n−1)3 + ½(n−1)(n−2) × 1"
Sy'n dod yn: 2 + 3n − 3 + ½n² − 1½n + 1
A gellir symleiddio hyn yn: ½n² + 1½n = ½n(n+3)
felly yr n^{fed} term = ½n(n + 3)   (Hawdd!)

Y Prawf Hollbwysig:
DYSGWCH y diffiniad o'r n^{fed} term a'r 4 cam ar gyfer dod o hyd iddo, a DYSGWCH Y FFORMIWLA.

1) Darganfyddwch n^{fed} term y dilyniannau canlynol:
   a) 4, 7, 10, 13....   b) 3, 8, 13, 18,....   c) 1, 3, 6, 10, 15,....   ch) 3, 4, 7, 12,...

ADRAN UN — RHIFAU GAN FWYAF

Crynodeb Adolygu Adran Un

Efallai bod y cwestiynau hyn yn ymddangos yn anodd, *ond dyma'r math gorau o adolygu allwch chi ei wneud*. Cofiwch mai holl bwrpas adolygu yw *darganfod y pethau nad ydych yn eu gwybod* ac yna eu dysgu nes *byddwch yn eu gwybod*. Mae'r cwestiynau anodd hyn yn dangos faint ydych chi'n ei wybod. Maen nhw'n dilyn trefn y tudalennau yn Adran Un, felly mae'n ddigon hawdd i chi wirio unrhyw beth nad ydych yn ei wybod.

Daliwch ati i ddysgu'r ffeithiau sylfaenol hyn nes byddwch yn eu gwybod.

1) Rhestrwch y deg term cyntaf ym mhob un o'r dilyniannau canlynol:
   a) Eilrifau b) Odrifau c) Rhifau sgwâr ch) Rhifau ciwb d) Pwerau 2 dd) Pwerau 10 e) Rhifau triongl f) Rhifau cysefin
2) Beth yw lluosrifau rhif? Beth yw ffactorau rhif?
3) Beth yw'r dull gorau o ddarganfod holl ffactorau rhif?
4) Beth yw ffactorau cysefin rhif? Sut gellir dod o hyd iddynt?
5) Eglurwch yn union beth yw ystyr Ff.C.M. ac Ll.C.Ll.
6) Nodwch y ddwy reol ar gyfer darganfod Rhifau Cysefin (dan 120).
7) Beth yw ystyr FfDC? Rhowch fanylion llawn am y 4 dull trawsnewid.
8) Beth yw'r tri cham ar gyfer talgrynnu?
9) Beth yw'r 3 manylyn ychwanegol sy'n rhaid eu cofio wrth dalgrynnu ffig. yst.?
10) Beth yw'r cyfeiliornad posibl wrth dalgrynnu i gywirdeb penodol?
11) Nodwch dair rheol ar gyfer penderfynu beth yw'r manwl gywirdeb priodol.
12) Nodwch ddwy reol ar gyfer amcangyfrif ateb cyfrifiad.
13) Nodwch ddwy reol ar gyfer amcangyfrif arwynebedd neu gyfaint.
14) Nodwch 3 cham y dull o ddefnyddio ffactorau trawsnewid.
15) Rhowch 7 enghraifft wahanol o drawsnewid o uned fetrig i un arall.
16) Rhowch 5 enghraifft wahanol o drawsnewid o un uned imperial i un arall.
17) Rhowch 8 enghraifft o drawsnewid rhwng unedau metrig ac imperial.
18) Rhowch enghraifft o ffracsiwn sy'n rhannu i roi degolyn terfynus ac enghraifft o ffracsiwn nad yw'n rhannu i roi degolyn terfynus.
19) Eglurwch mewn geiriau beth yw'r 5 rheol wrth drin ffracsiynau ar bapur.
20) Trefnwch y ffracsiynau hyn yn ôl maint, y lleiaf yn gyntaf: $13/128$, $7/64$, $4/32$, $121/128$, $15/16$
21) Pa un yw'r botwm ffracsiwn? Beth sy'n rhaid i chi ei bwyso er mwyn mewnbynnu $2^{3/4}$?
22) Sut fyddech chi'n trawsnewid hyn yn ffracsiwn pendrwm?
23) Disgrifiwch y 3 math o gwestiwn ar ganrannau a sut i'w hadnabod.
24) Rhowch fanylion ynglŷn â'r dull i'w ddefnyddio ar gyfer pob un o'r 3 math.
25) Nodwch y fformiwla ar gyfer newid canrannol a rhowch 3 enghraifft.
26) Pa rai yw'r botymau cof? Beth yw eu pwrpas?
27) Beth yw ystyr CORLAT a beth yw'r cysylltiad rhyngddo a'ch cyfrifiannell?
28) Pryd fyddech chi'n defnyddio'r botymau cromfachau?
29) Pa un yw'r botwm pwerau? Beth ddylech chi ei bwyso er mwyn darganfod 8^{15}?
30) Pa un yw'r botwm Ffurf Safonol? Beth ddylech chi ei bwyso i fewnbynnu 3×10^{-4}?
31) Sut fyddai'r rhif 5×10^7 yn ymddangos ar ddangosydd y cyfrifiannell?
32) Mae 3 modd gwahanol ar eich cyfrifiannell. Enwch y tri.
33) Enwch y 6 gwahanol fath o batrymau rhif a rhowch enghraifft o bob un ohonynt.
34) Ysgrifennwch y 2 fformiwla ar gyfer darganfod n^{fed} term patrwm rhif.

Adran Dau — Siapiau

Polygonau Rheolaidd

SIÂP AMLOCHROG yw POLYGON. Mewn polygon RHEOLAIDD mae'r HOLL OCHRAU A'R ONGLAU YR UN FAINT. Mae'r POLYGONAU RHEOLAIDD yn gyfres ddiddiwedd o siapiau sy'n cynnwys rhai nodweddion arbennig. Maen nhw'n ddigon hawdd i'w dysgu. Dyma ychydig o'r rhai cyntaf ond nid oes diwedd arnynt — mae'n bosibl cael polygon 12 ochr neu 25 ochr, ayyb

TRIONGL HAFALOCHROG
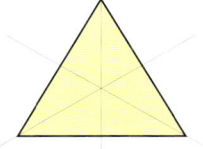
3 ochr
3 llinell cymesuredd
Cymesuredd cylchdro trefn 3

SGWÂR
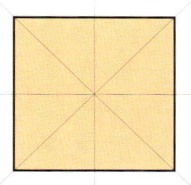
4 ochr
4 llinell cymesuredd
Cymesuredd cylchdro trefn 4

PENTAGON RHEOLAIDD
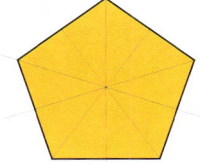
5 ochr
5 llinell cymesuredd
Cymesuredd cylchdro trefn 5

HECSAGON RHEOLAIDD
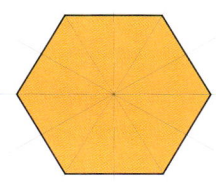
6 ochr
6 llinell cymesuredd
Cymesuredd cylchdro trefn 6

HEPTAGON RHEOLAIDD
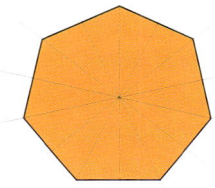
7 ochr
7 llinell cymesuredd
Cymesuredd cylchdro trefn 7
Mae darn arian 50c yn debyg i heptagon

OCTAGON RHEOLAIDD
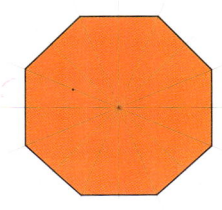
8 ochr
8 llinell cymesuredd
Cymesuredd cylchdro trefn 8

Onglau Mewnol ac Allanol

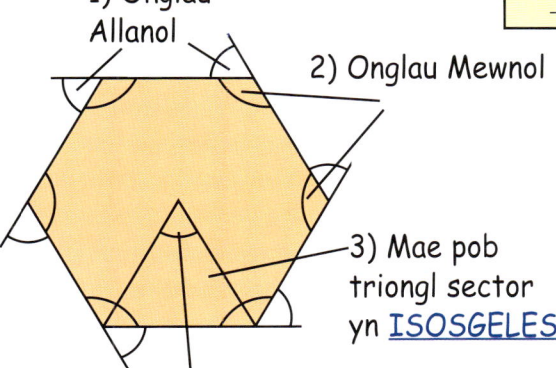

1) Onglau Allanol
2) Onglau Mewnol
3) Mae pob triongl sector yn ISOSGELES
4) Mae'r ongl hon bob amser yr un faint â'r Onglau Allanol.

Dyma'r GWAITH PWYSIG. Bob tro byddwch yn cael Polygon Rheolaidd yn yr Arholiad byddwch yn sicr o orfod cyfrifo'r Onglau Mewnol ac Allanol gan fod popeth yn dibynnu ar hyn.

$$\text{ONGL ALLANOL} = \frac{360°}{\text{Nifer yr Ochrau}}$$

$$\text{ONGL FEWNOL} = 180° - \text{ONGL ALLANOL}$$

Y Prawf Hollbwysig:

DYSGWCH Y DUDALEN HON. Yna cuddiwch hi ac atebwch y cwestiynau hawdd canlynol:

1) Beth yw Polygon Rheolaidd?   2) Enwch y 6 pholygon rheolaidd cyntaf.
3) Tynnwch lun Pentagon a Hecsagon a dangoswch yr holl linellau cymesuredd.
4) Beth yw'r ddwy fformiwla bwysig?   5) Cyfrifwch y ddwy ongl allweddol mewn Pentagon.
6) A hefyd mewn Polygon Rheolaidd 12 ochr.

Cymesuredd

Ceir CYMESUREDD os yw'n bosibl gosod siâp neu lun mewn GWAHANOL SAFLEOEDD sy'n EDRYCH YN UNION YR UN FATH. Mae TRI MATH o gymesuredd:

1) Cymesuredd Llinell

Yma gallwch lunio LLINELL DDRYCH (neu fwy nag un) ar draws llun a bydd y ddwy ochr yn plygu'n union ar ei gilydd.

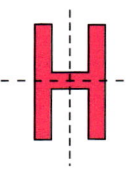 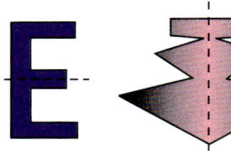 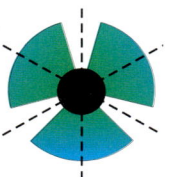  

| 2 LLINELL CYMESUREDD | 1 LLINELL CYMESUREDD | 1 LLINELL CYMESUREDD | 3 LLINELL CYMESUREDD | DIM LLINELL CYMESUREDD | 1 LLINELL CYMESUREDD |

Sut i lunio adlewyrchiad:

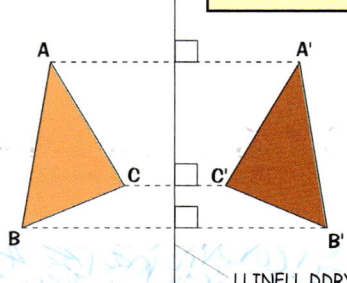

1) Adlewyrchwch bob pwynt fesul un
2) Defnyddiwch linell sy'n croesi'r llinell ddrych ar 90° ac sy'n mynd YN UNION yr *un pellter* ar bob ochr i'r llinell ddrych, fel y dangosir.

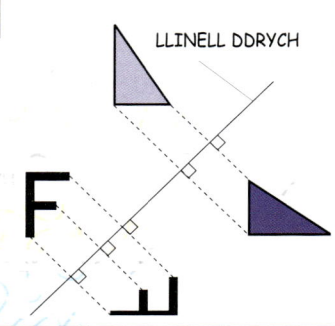

2) Cymesuredd Plân

Mae Cymesuredd Plân yn ymwneud â SOLIDAU 3-D. Yn union fel y gall siapiau fflat gael llinell ddrych, gall gwrthrychau 3D gael planau cymesuredd.

Gellir llunio arwyneb drych plân trwy lawer o solidau rheolaidd, ond rhaid i'r siâp fod yn UNION YR UN FATH AR DDWY OCHR Y PLÂN (h.y. drych-ddelweddau), fel y rhain:

Planau Cymesuredd

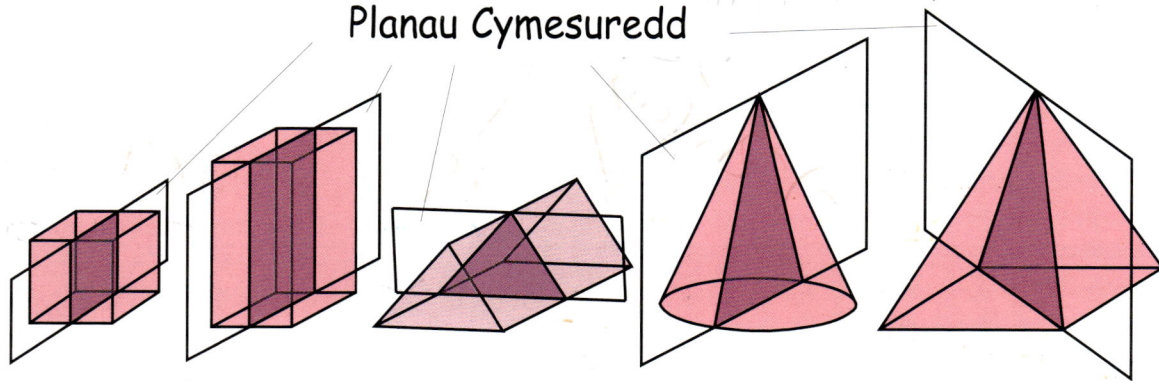

Mae gan y siapiau hyn i gyd LAWER MWY O BLANAU CYMESUREDD ond dim ond un plân cymesuredd sydd wedi ei ddangos yma ar gyfer pob siâp, oherwydd fel arall byddai gormod o linellau ac ni fyddai dim yn glir.

Cymesuredd

3) Cymesuredd Cylchdro

Yma gallwch GYLCHDROI'R siâp neu'r darlun i wahanol safleoedd a bydd pob un yn edrych yn union yr un fath.

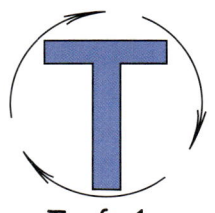   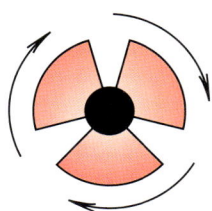 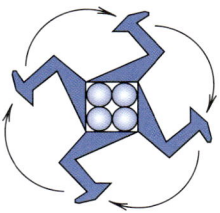

Trefn 1   Trefn 2   Trefn 2   Trefn 3   Trefn 4

Dau Bwynt Allweddol:

1) Mae TREFN Y CYMESUREDD CYLCHDRO yn ffordd gymhleth o ddweud: "SAWL GWAHANOL SAFLE SY'N EDRYCH YR UN FATH".
e.e. dylech ddweud am y siâp Z uchod: "Mae ganddo gymesuredd cylchdro trefn 2".

2) OND … pan fo gan siâp 1 SAFLE YN UNIG gallwch ddweud UN AI fod ganddo "Gymesuredd Cylchdro trefn 1" NEU "NID oes ganddo Gymesuredd Cylchdro"

Papur Dargopïo

MAE CYMESUREDD BOB AMSER YN LLAWER HAWS OS DEFNYDDIR PAPUR DARGOPÏO.

1) Ar gyfer ADLEWYRCHU, dargopïwch un ochr o'r lluniad a'r llinell ddrych hefyd. Yna TROWCH Y PAPUR DROSODD a rhoi'r llinell ddrych yn ei safle gwreiddiol eto.
(Mae rhoi smotyn ar y llinell ddrych yn help i'w chael i'w lle unwaith eto)

2) Ar gyfer CYLCHDROI, trowch y papur dargopïo o gwmpas. Mae hyn yn dda iawn ar gyfer darganfod y CANOL cylchdro (drwy gynnig a gwella) yn ogystal â threfn cymesuredd cylchdro.

3) Gallwch ddefnyddio papur dargopïo yn yr ARHOLIAD — felly GOFYNNWCH AMDANO, neu ewch â'ch papur eich hunan i'r arholiad.

Y Prawf Hollbwysig:
DYSGWCH y manylion pwysig am GYMESUREDD LLINELL A CHYMESUREDD PLÂN, y 2 bwynt am GYMESUREDD CYLCHDRO a'r 3 phwynt am BAPUR DARGOPÏO.

Nawr CUDDIWCH Y DUDALEN ac YSGRIFENNWCH BOPETH *gan roi enghreifftiau*, er mwyn gweld faint ydych chi wedi ei ddysgu.

1) Copïwch y llythrennau hyn a marciwch yr holl linellau cymesuredd. Dywedwch hefyd beth yw trefn cymesuredd cylchdro pob un ohonynt.

H   N   E   Y   M   O   S   T

2) Copïwch y pum solid ar y dudalen gyferbyn heb eu planau cymesuredd (gweler tud. 26). Yna lluniwch blân cymesuredd gwahanol ar gyfer pob un.
(Nid yw lluniadau gwrthrychau 3-D yn hawdd ond mae'n hwyl edrych ar ymdrechion pobl eraill.)

ADRAN DAU — SIAPIAU

Y Siapiau y Dylech eu Hadnabod

Mae hyn yn ffordd hawdd o gael marciau yn yr Arholiad — gofalwch eich bod yn eu gwybod i gyd!

1) SGWÂR

4 llinell cymeredd
Cymesuredd cylchdro trefn 4

2) PETRYAL

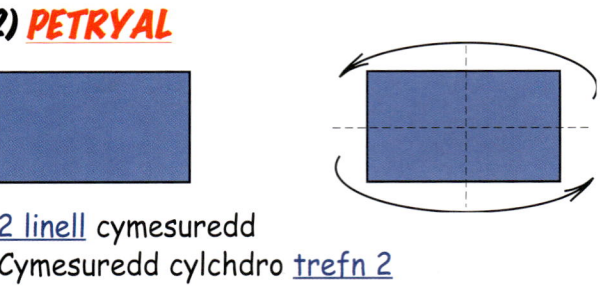

2 linell cymesuredd
Cymesuredd cylchdro trefn 2

3) RHOMBWS (Sgwâr wedi ei wthio i'r ochr)
(Mae hefyd yn ddiemwnt)

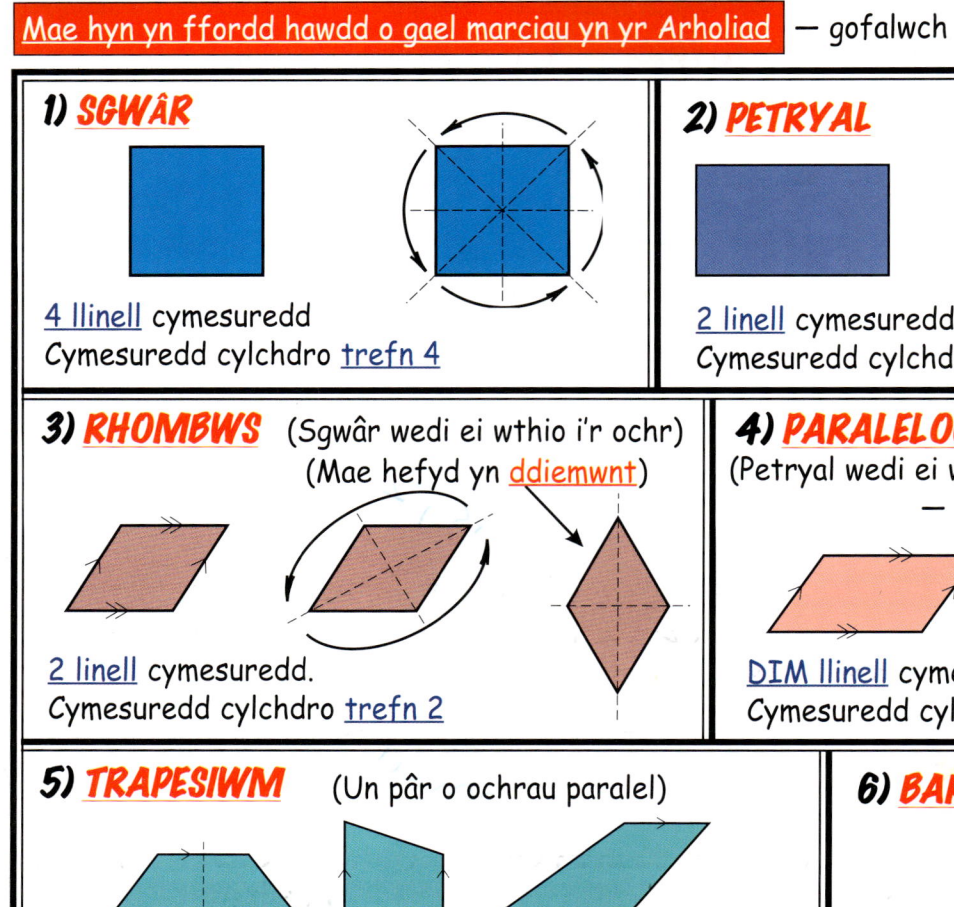

2 linell cymesuredd.
Cymesuredd cylchdro trefn 2

4) PARALELOGRAM
(Petryal wedi ei wthio i'r ochr — 2 bâr o ochrau paralel)

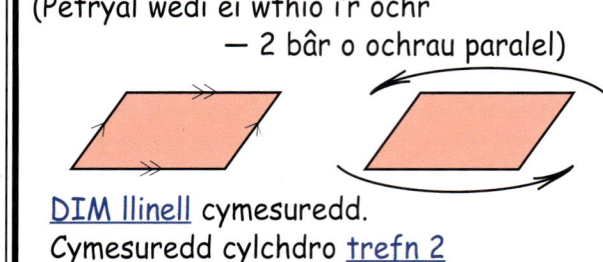

DIM llinell cymesuredd.
Cymesuredd cylchdro trefn 2

5) TRAPESIWM (Un pâr o ochrau paralel)

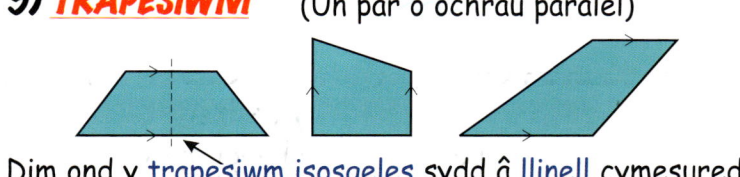

Dim ond y trapesiwm isosgeles sydd â llinell cymesuredd.
Does dim cymesuredd cylchdro gan unrhyw un ohonynt.

6) BARCUD

1 llinell cymesuredd.
Dim cymesuredd cylchdro.

7) Triongl HAFALOCHROG

60, 60, 60

3 llinell cymesuredd
Cymesuredd cylchdro trefn 3

8) Triongl ONGL SGWÂR

Dim cymesuredd oni bai fod yr onglau yn 45°

9) Triongl ISOSGELES

2 ochr hafal
2 ongl hafal

1 llinell cymesuredd
Dim cymesuredd cylchdro

10) SOLIDAU

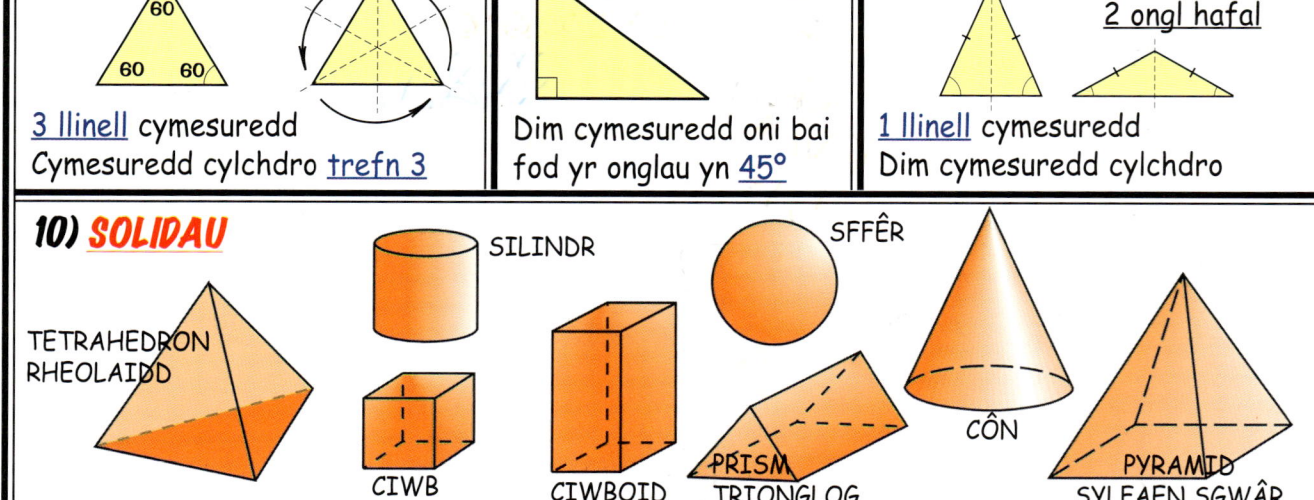

TETRAHEDRON RHEOLAIDD, SILINDR, CIWB, CIWBOID, SFFÊR, PRISM TRIONGLOG, CÔN, PYRAMID SYLFAEN SGWÂR

Y Prawf Hollbwysig: DYSGWCH bopeth ar y dudalen hon.

Yna cuddiwch y dudalen ac ysgrifennu'r holl fanylion y gallwch eu cofio. Yna rhowch gynnig arall arni.

ADRAN DAU — SIAPIAU

Arwynebedd

YDI MAE'N WIR bod y fformiwlâu hyn i'w cael y tu mewn i glawr blaen y papur arholiad, ond yn sicr os na fyddwch yn eu dysgu ymlaen llaw, fyddwch chi ddim yn gallu eu defnyddio o gwbl yn yr Arholiad.

MAE'N RHAID I CHI DDYSGU'R FFORMIWLÂU HYN:

1) PETRYAL

Arwynebedd PETRYAL = hyd x lled

$$A = h \times l$$

2) TRIONGL

Arwynebedd TRIONGL = ½ x sail x uchder fertigol

$$A = \tfrac{1}{2} \times s \times u_F$$

Nodwch fod yr uchder bob amser yn golygu'r uchder fertigol, nid yr uchder goleddol.

3) PARALELOGRAM

Arwynebedd PARALELOGRAM = sail x uchder fertigol

$$A = s \times u_F$$

4) TRAPESIWM

Arwynebedd TRAPESIWM = cyfartaledd yr ochrau paralel x y pellter rhyngddynt

$$A = \tfrac{1}{2} \times (a + b) \times u$$

5) CYLCH

PEIDIWCH Â CHYMYSGU'R DDWY FFORMIWLA HYN AR GYFER CYLCHOEDD!

ARWYNEBEDD CYLCH = π x (radiws)²

$$A = \pi \times r^2$$

$\pi = 3.141592 ...$
$= \underline{3.14}$ (yn fras)

Cylchedd = y pellter o amgylch y tu allan i'r cylch

CYLCHEDD = π x Diamedr

$$C = \pi \times D$$

e.e. os yw'r radiws yn 4 cm
A = 3.14 x (4 x 4)
= 50.24 cm²

RHAID I CHI WYBOD BETH YW'R RHAIN HEFYD:

5a) SECTOR CYLCH
Arc Fwyaf, Arc Leiaf, Sector Lleiaf, Sector Mwyaf

5b) SEGMENT CYLCH
Segment Mwyaf, Cord, Segment Lleiaf

Y Prawf Hollbwysig:

DYSGWCH Y DUDALEN HON — yna CUDDIWCH Y DUDALEN AC YSGRIFENNWCH gymaint ag y gallwch ODDI AR EICH COF.

Gwiriwch eich gwaith a rhowch gynnig arall arni!

ADRAN DAU — SIAPIAU

Cwestiynau ar Gylchoedd

1) π "Rhif sydd Ychydig yn Fwy na 3"

Y peth pwysig i'w gofio yw bod π (sef "pi") yn edrych yn gymhleth gan mai llythyren o'r wyddor Roeg yw. Yn y pen draw, dim ond rhif cyffredin ydyw (3.14159 ...), sy'n cael ei dalgrynnu i 3 neu 3.14 neu 3.142 (gan ddibynnu pa mor fanwl gywir ydych chi'n dymuno iddo fod).
A dyna'r cwbl ydyw: RHIF SYDD YCHYDIG YN FWY NA 3.

2) Mae diamedr yn DDWYWAITH y Radiws

Mae'r DIAMEDR yn mynd ar draws y cylch.
Mae'r RADIWS yn mynd hanner ffordd yn unig ar draws y cylch.
ENGHREIFFTIAU:
Os yw'r radiws yn 4 cm, mae'r diamedr yn 8 cm, Os D = 12 cm, yna r = 6 cm.
Os yw'r radiws yn 12 m, mae'r diamedr yn 24 m, Os yw'r diamedr = 2 mm, yna mae'r radiws = 1 mm.

3) Arc, Cord a Thangiad

TANGIAD yw llinell syth sy'n prin gyffwrdd ag ochr allanol y cylch.
CORD yw llinell sy'n cael ei llunio ar draws y tu mewn i gylch.
ARC yw rhan o gylchyn cylch.

4) Y Penderfyniad Mawr:

"Pa fformiwla cylch ddylwn i ei defnyddio?"

CYFRIFO ARWYNEBEDD NEU GYLCHEDD — Cofiwch fod yna wahaniaeth!

1) Os yw'r cwestiwn yn gofyn am "arwynebedd cylch",
   MAE'N RHAID i chi ddefnyddio'r FFORMIWLA AR GYFER ARWYNEBEDD: $A = \pi \times r^2$

2) Os yw'r cwestiwn yn gofyn am "gylchedd" (y pellter o amgylch cylch)
   MAE'N RHAID i chi ddefnyddio'r FFORMIWLA AR GYFER CYLCHEDD: $C = \pi \times D$

A CHOFIWCH, nid yw'n gwneud unrhyw wahaniaeth o gwbl pa un ai'r radiws neu'r diamedr sy'n cael ei roi i chi, oherwydd mae'n ddigon hawdd cyfrifo'r naill o'r llall.

ENGHRAIFFT: "Darganfyddwch gylchedd ac arwynebedd y cylch a ddangosir isod."

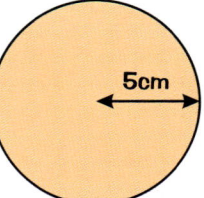

ATEB: Radiws = 5 cm, felly Diamedr = 10 cm (hawdd)
Y fformiwla ar gyfer CYLCHEDD yw:
   C = π × D, felly
   C = 3.14 × 10
     = 31.4 cm

Y fformiwla ar gyfer ARWYNEBEDD yw:
   $A = \pi \times r^2$
     = 3.14 × (5 × 5)
     = 3.14 × 25 = 78.5 cm^2

Y Prawf Hollbwysig:

Mae 4 RHAN i'r dudalen hon. Maen nhw i gyd yn bwysig tu hwnt — DYSGWCH NHW.

Nawr cuddiwch y dudalen ac ysgrifennwch bopeth rydych chi wedi ei ddysgu.
1) Mae diamedr plât yn 14 cm. Darganfyddwch yr arwynebedd a'r cylchedd gan ddefnyddio'r dulliau rydych chi newydd eu dysgu. Cofiwch ddangos eich holl waith cyfrifo.
2) Mae radiws gwely blodau yn 6 m. Darganfyddwch ei arwynebedd a'i gylchedd.

ADRAN DAU — SIAPIAU

Perimedrau ac Arwynebeddau

1) Perimedrau Siapiau Cymhleth

Gofalwch eich bod yn gwybod y *manylion hanfodol* hyn am berimedr:

1) Perimedr yw'r pellter yr *holl ffordd o amgylch siâp 2-D*.
2) Er mwyn darganfod PERIMEDR, rhaid ADIO HYDOEDD YR HOLL OCHRAU, ond ... YR UNIG FFORDD DDIBYNADWY o wneud yn sicr *nad ydych yn anghofio ochr yw hyn*:

> 1) *Rhowch smotyn mawr ar un gornel* ac yna ewch o amgylch y siâp.
> 2) Ysgrifennwch hyd pob ochr wrth i chi fynd o amgylch y siâp.
> 3) Os oes ochrau anhysbys — mae'n rhaid i chi eu *cyfrifo*.
> 4) Daliwch ati nes byddwch yn dychwelyd at y SMOTYN MAWR.

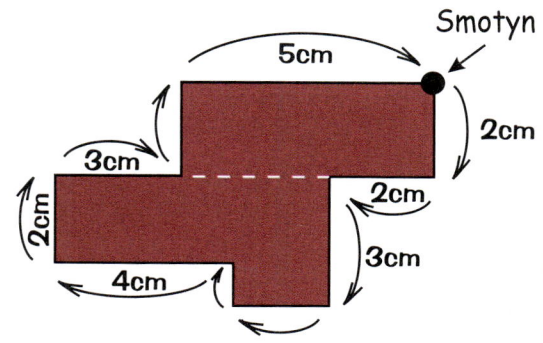

e.e. 2+2+3+2+1+4+2+3+2+5 = 26 cm

Efallai eich bod yn meddwl bod hwn yn *ddull trafferthus arall*, ond credwch fi, mae'n hawdd 'colli' ochr. *Mae'n rhaid i chi ddefnyddio DULLIAU DA A DIBYNADWY ar gyfer POPETH* — neu fe gollwch lawer o farciau.

2) Arwynebeddau Siapiau Cymhleth

1) RHANNWCH NHW yn *3 siâp sylfaenol*: PETRYAL, TRIONGL A CHYLCH.
2) Cyfrifwch arwynebedd pob darn AR WAHÂN.
3) Yna ADIWCH Y CWBL
   (neu weithiau bydd rhaid TYNNU).

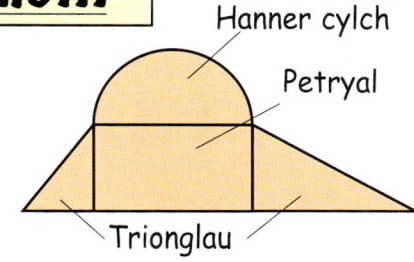

ENGHRAIFFT: Cyfrifwch arwynebedd y siâp hwn:

ATEB:

Petryal A:
Arwynebedd = h × l
= 8 × 6
= 48 cm^2

Triongl B:
Arwynebedd = 1/2 × s × u
= 1/2 × 8 × 5
= 20 cm^2

Hanner cylch C:
Arwynebedd = $(\pi \times r^2) \div 2$
= $(3.14 \times 3^2) \div 2$
= 14.13 cm^2

CYFANSWM ARWYNEBEDD = 48 + 20 + 14.13 = 82.13 cm^2

Y Prawf Hollbwysig:

DYSGWCH Y RHEOLAU ar gyfer darganfod *perimedr ac arwynebedd siapiau cymhleth*.

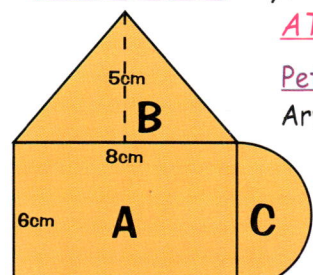

1) *Cuddiwch y dudalen ac ysgrifennwch* yr hyn rydych chi wedi ei ddysgu.
2) Darganfyddwch berimedr ac arwynebedd y siâp a ddangosir yma:

Cyfaint neu Gynhwysedd

...AU — MAE'N RHAID I CHI DDYSGU'R RHAIN HEFYD!

...LOC PETRYALOG)

(Enw arall ar hwn yw '*prism petryalog*' — gweler isod i ddeall pam)

Cyfaint Ciwboid = hyd x lled x uchder

$$C = h \times l \times u$$

(Y gair arall am gyfaint yw <u>CYNHWYSEDD</u>)

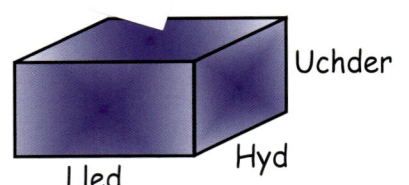

2) PRISM

Gwrthrych solid tri dimensiwn yw <u>PRISM</u> a chanddo <u>ARWYNEBEDD TRAWSTORIAD CYSON</u> — h.y. mae'r siâp yr un fath ar ei hyd.

Am ryw reswm, nid oes llawer o bobl yn gwybod beth yw prism, ond ceir cwestiwn ar brismau yn aml iawn mewn Arholiadau, felly <u>gofalwch eich bod CHI</u> yn gwybod beth ydynt.

Prism Cylchol
(neu Silindr)

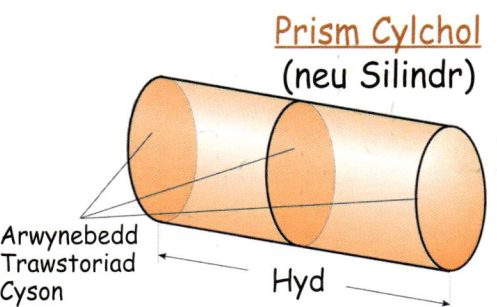

Arwynebedd Trawstoriad Cyson — Hyd

Prism Hecsagonol
(mae hwn yn eithaf fflat, ond mae'n dal i fod yn brism).

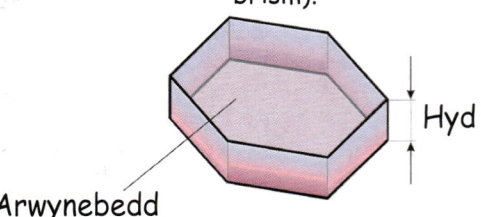

Arwynebedd Trawstoriad Cyson — Hyd

Prism Trionglog

Arwynebedd Trawstoriad Cyson

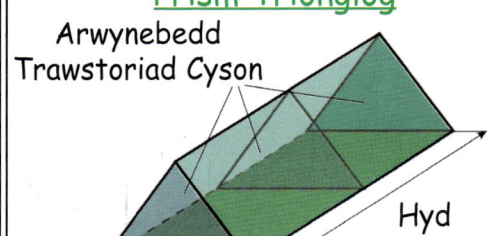

Hyd

Cyfaint prism = Arwynebedd trawstoriad × hyd

$$C = A \times h$$

Fel y gwelwch, mae'r fformiwla ar gyfer cyfaint prism yn *syml iawn*. Y rhan *anodd*, fel arfer, yw *darganfod arwynebedd y trawstoriad*.

Y Prawf Hollbwysig:

<u>DYSGWCH</u> y dudalen hon. Yna cuddiwch y dudalen a cheisiwch ysgrifennu'r cynnwys. <u>Daliwch ati nes i chi lwyddo</u>.

Dylech ymarfer y ddau gwestiwn canlynol nes byddwch yn gallu mynd drwy'r holl gamau yn rhwydd. Enwch y siapiau a darganfyddwch eu cyfeintiau:

a)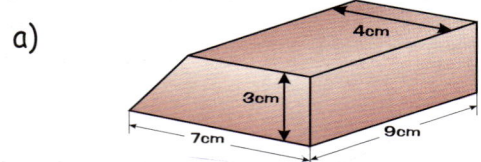

b) 90cm, 1.1m

ADRAN DAU — SIAPIAU

Solidau a Rhwydi

Mae angen i chi wybod ystyr _Wyneb_, _Ymyl_ a _Fertig_:

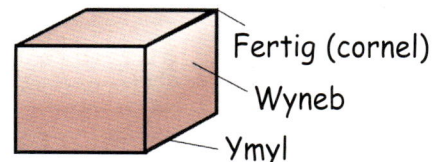

Fertig (cornel)
Wyneb
Ymyl

Arwynebedd Arwyneb a Rhwydi

1) Defnyddir ARWYNEBEDD ARWYNEB wrth sôn am wrthrychau tri dimensiwn solid yn unig ac, yn syml, mae'n golygu _cyfanswm arwynebedd yr holl arwynebau allanol_. Pe byddech chi'n peintio'r gwrthrych, dyma'r holl ddarnau y byddai'n rhaid i chi eu peintio!

2) _Nid oes fformiwla syml byth_ ar gyfer darganfod arwynebedd arwyneb — _rhaid i chi gyfrifo arwynebedd pob wyneb fesul un ac yna_ EU HADIO.

3) Yn syml, RHWYD yw SIÂP SOLID WEDI'I AGOR YN FFLAT

4) Felly: ARWYNEBEDD ARWYNEB SOLID = ARWYNEBEDD Y RHWYD.

Mae 4 rhwyd y dylech fod yn gyfarwydd â nhw ar gyfer yr Arholiad, ac fe'u dangosir isod. Mae'n eithaf posibl y gofynnir i chi dynnu llun un o'r rhwydi hyn ac yna darganfod yr arwynebedd.

1) Prism Trionglog

Prism Trionglog

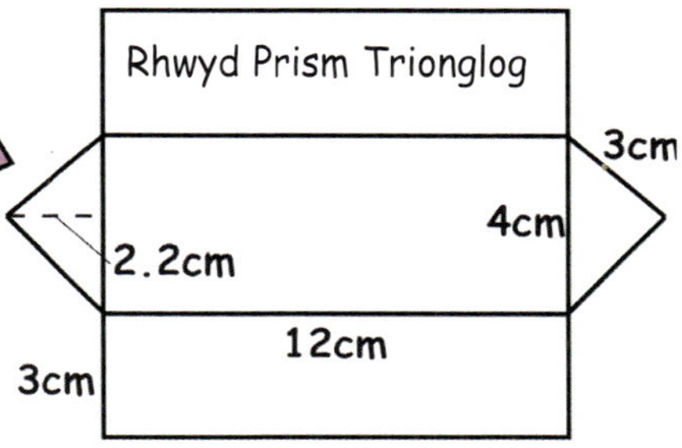

Rhwyd Prism Trionglog
3cm, 4cm, 2.2cm, 12cm, 3cm

2) Ciwb

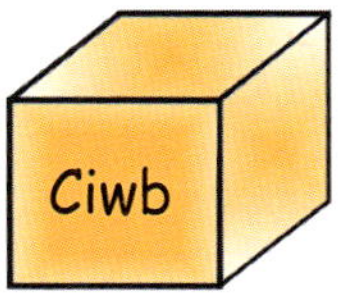

Ciwb

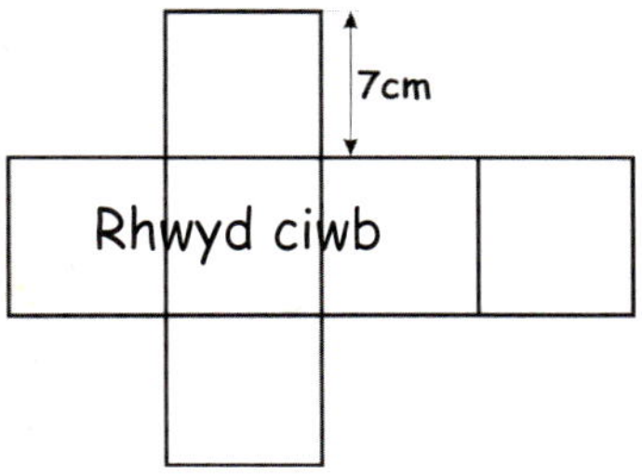

Rhwyd ciwb
7cm

3) Ciwboid

3cm, 5cm, 3cm, 5cm, 9cm, 5cm

Rhwyd ciwboid
9cm

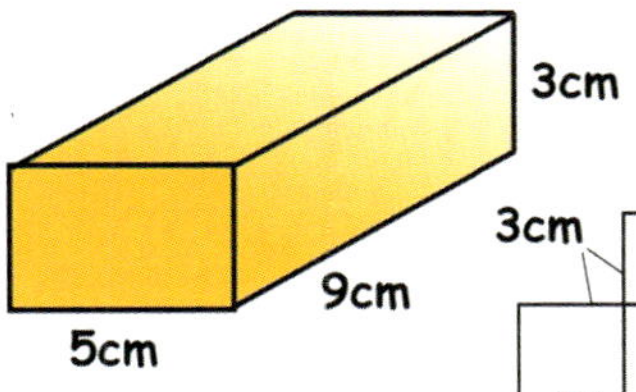

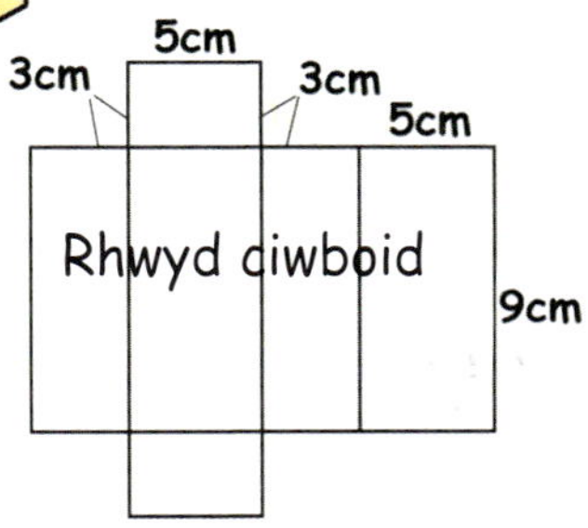

4) Pyramid

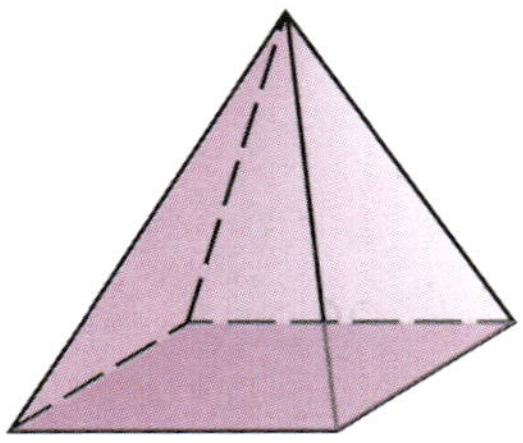

Pyramid sylfaen sgwâr

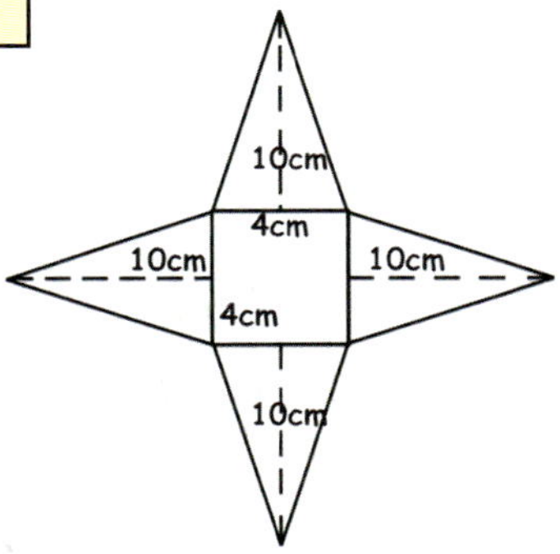

Rhwyd pyramid sylfaen sgwâr
10cm, 4cm, 10cm, 4cm, 10cm

Y Prawf Hollbwysig:

DYSGWCH y 4 pwynt am arwynebedd arwyneb a rhwydi a'r PEDAIR RHWYD ar y dudalen hon, a hefyd y _diagram_ bychan ar ben y dudalen.

Nawr cuddiwch y dudalen ac ysgrifennwch bopeth rydych chi wedi ei ddysgu.
1) Cyfrifwch arwynebedd y pedair rhwyd a ddangosir uchod.

ADRAN DAU — SIAPIAU

Hyd, Arwynebedd a Chyfaint

Adnabod Fformiwlâu drwy Edrych Arnynt yn unig

Nid yw hyn mor anodd ag y mae'n swnio, gan mai dim ond am fformiwlâu 3 pheth yr ydym yn sôn:

<u>HYD</u>, <u>ARWYNEBEDD</u> a <u>CHYFAINT</u>

Mae'r rheolau mor syml â hyn:

Mewn <u>FFORMIWLÂU ARWYNEBEDD</u> mae'r <u>HYDOEDD WEDI EU LLUOSI MEWN PARAU</u> bob amser

Mewn <u>FFORMIWLÂU CYFAINT</u> mae'r <u>HYDOEDD WEDI EU LLUOSI MEWN GRWPIAU O DRI</u> bob amser

Mewn <u>FFORMIWLÂU HYD</u> (megis perimedrau) mae'r <u>HYDOEDD</u> bob amser yn hydoedd <u>UNIGOL</u>

Mewn fformiwlâu wrth gwrs, <u>MAE HYDOEDD YN CAEL EU CYNRYCHIOLI GAN LYTHRENNAU</u>, felly wrth edrych ar fformiwla rhaid chwilio am:
<u>GRWPIAU O LYTHRENNAU WEDI EU LLUOSI Â'I GILYDD</u> fesul <u>UN</u>, <u>DWY</u> neu <u>DAIR</u>.
<u>OND COFIWCH</u>, <u>NID</u> yw π yn hyd.

Enghreifftiau:

$4\pi r^2 + 6d^2$ (arwynebedd) $Lwh + 6r^2L$ (cyfaint)   (cofiwch fod r^2 yn golygu $r \times r$)

$4\pi r + 15L$ (hyd) $6hp + \pi r^2 + 7h^2$ (arwynebedd)

$5p^2L - 4k^3/7$ (cyfaint) $2\pi d - 14r/3$ (hyd)

<u>Byddwch yn barod am y ddwy enghraifft olaf anodd hyn</u>: (Pam y mae'r rhain yn anodd?)

$3p(2b + a)$ (arwynebedd) $3\pi h(L^2 + 4P^2)$ (cyfaint)

Pedair Ffaith Ychwanegol:

1) Yn syml, <u>siâp pedair ochr</u> yw <u>PEDROCHR</u> — unrhyw siâp pedair ochr. Felly mae <u>sgwariau</u>, <u>petryalau</u>, <u>paralelogramau</u>, ayyb i gyd yn <u>BEDROCHRAU</u>.
Mae'r ddau a ddangosir yma hefyd yn bedrochrau:

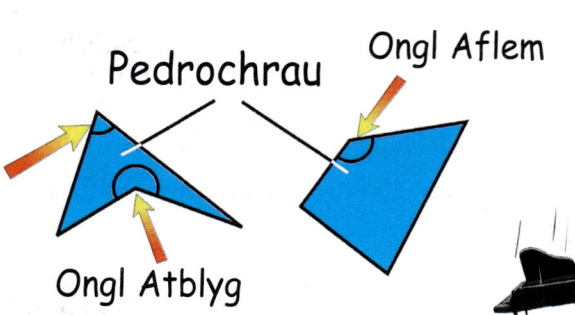

2) Mae <u>ONGLAU LLYM</u> yn <u>onglau pigfain</u> (rhwng 0° a 90°).
3) Mae <u>ONGLAU AFLYM</u> yn <u>fwy fflat</u> (rhwng 90° a 180°).
4) Mae <u>ONGLAU ATBLYG</u> fel petaent wedi eu <u>goragor</u> (rhwng 180° a 360°).

Y Prawf Hollbwysig:

DYSGWCH y <u>Rheolau ar gyfer Adnabod Fformiwlâu</u>, a'r <u>Pedair Ffaith Ychwanegol</u>. Trowch y dudalen ac ysgrifennwch bopeth i lawr.

1) Dywedwch beth mae pob un o'r mynegiadau hyn yn ei gynrychioli: arwynebedd, cyfaint ynteu perimedr: πr^2, Lwh, πd, $\frac{1}{2}bh$, $2bh + 4lp$, $4r^2p + 3\pi d^3$, $2\pi r(3L + 5T)$

Helaethiadau — Y 4 Nodwedd Allweddol:

1) Os yw'r Ffactor Graddfa yn FWY NAG 1 yna mae'r siâp yn mynd yn FWY.

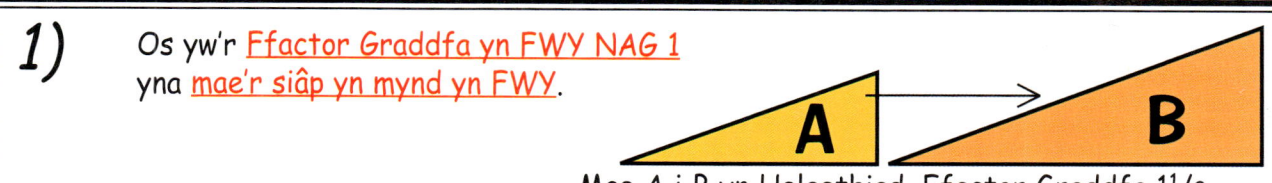

Mae A i B yn Helaethiad, Ffactor Graddfa 1½

2) Os yw'r Ffactor Graddfa yn LLAI NAG 1 (h.y. ffracsiwn fel ½), yna mae'r siâp yn mynd yn LLAI.

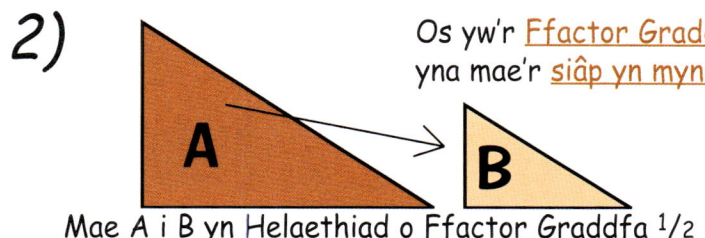

Mae A i B yn Helaethiad o Ffactor Graddfa ½

(*Gostyngiad* yw hyn mewn gwirionedd, ond er hynny gellir ei alw'n Helaethiad, Ffactor Graddfa ½)

3) Helaethiad Ffactor Graddfa 3

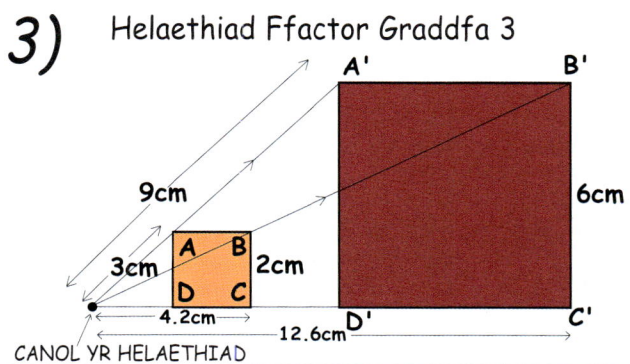

Mae'r Ffactor Graddfa hefyd yn rhoi PELLTER CYMHAROL hen bwyntiau a phwyntiau newydd o Ganol yr Helaethiad.

Mae hyn yn DDEFNYDDIOL IAWN WRTH LUNIO HELAETHIAD, oherwydd gallwch ei ddefnyddio i nodi safleoedd y pwyntiau newydd o ganol yr helaethiad, fel y dangosir yn y diagram.

4) Mae hydoedd y siâp mawr a'r siâp bach yn gysylltiedig â'r Ffactor Graddfa trwy'r Triongl Fformiwla HYNOD O BWYSIG hwn SY'N RHAID I CHI EI DDYSGU:

Wrth gwrs, os bydd hyd un ochr yn cael ei luosi â'r ffactor graddfa, yna bydd y perimedr hefyd yn newid yr un faint — e.e. pan fydd sgwâr ag ochr yn mesur 1 yn cael ei helaethu yn ôl ffactor graddfa o 2, bydd hyd yr ochrau yn 2 a bydd y perimedr yn newid o 4 i 8 (4 × 2).

Nawr rydych yn barod i ateb y cwestiwn arholiad clasurol ar "Lun wedi ei helaethu" — a hynny'n rhwydd iawn:

Gweler trionglau fformiwla, T.52

Er mwyn darganfod lled y llun sydd wedi ei helaethu defnyddiwch y triongl fformiwla DDWYWAITH, (yn gyntaf i ddarganfod y Ffactor Graddfa, ac yna i ddarganfod yr ochr anhysbys):

> 1) Ffactor Graddfa = Hyd newydd ÷ Hen hyd = 13.2 ÷ 8.4 = **1.57**
> 2) Lled newydd = Ffactor Graddfa × Hen led = 1.57 × 5.8 = **9.1 cm**

OND BYDDECH YN HOLLOL AR GOLL HEB Y TRIONGL FFORMIWLA!

Y Prawf Hollbwysig:
DYSGWCH BEDAIR NODWEDD ALLWEDDOL helaethiadau, yn enwedig y TRIONGL FFORMIWLA.

Yna, pan fyddwch yn meddwl eich bod yn eu gwybod, cuddiwch y dudalen a'u hysgrifennu oddi ar eich cof, gan gynnwys y brasluniau a'r enghreifftiau, yn enwedig y llun wedi ei helaethu. Daliwch ati nes i chi lwyddo.

Y Pedwar Trawsffurfiad

Cylchdro - TRI manylyn
Adlewyrchiad — UN manylyn
Trawsfudiad — UN manylyn
Helaethiad — DAU fanylyn

1) Defnyddiwch y gair <u>CATH</u> i gofio'r 4 math.
2) Rhaid i chi roi'r <u>manylion i gyd</u> bob tro ar gyfer pob math.
3) Byddai o gymorth hefyd petai chi'n cofio pa nodweddion <u>sy'n aros yr un fath</u> ym mhob trawsffurfiad.

1) CYLCHDRO

Mae'n rhaid i chi roi'r <u>3 manylyn</u> hyn:
1) <u>ONGL</u> y troad
2) <u>CYFEIRIAD</u> (Clocwedd neu ..)
3) <u>CANOL</u> y Cylchdro

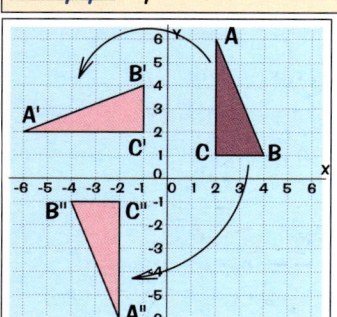

Mae ABC i A'B'C' yn Gylchdro <u>90°</u>, <u>gwrthglocwedd</u>, <u>O AMGYLCH y tardd</u>.

Mae ABC i A"B"C" yn Gylchdro <u>hanner troad (180°)</u>, <u>clocwedd</u>, <u>O AMGYLCH y tardd</u>.

Yr unig bethau sy'n newid mewn cylchdro yw *LLEOLIAD* a *GOGWYDDIAD* y gwrthrych. Mae <u>popeth arall</u> yn <u>aros yr un fath</u>.

2) ADLEWYRCHIAD

Mae'n rhaid i chi roi'r <u>UN manylyn</u> hwn:
1) Y <u>LLINELL DDRYCH</u>

Adlewyrchiad yn yr echelin Y yw A i B.

Adlewyrchiad yn y llinell Y = X yw A i C

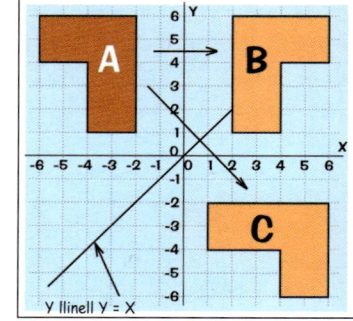

Mewn adlewyrchiad, *LLEOLIAD* a *GOGWYDDIAD* y gwrthrych yw'r <u>unig bethau sy'n newid</u>.

3) TRAWSFUDIAD

Mae'n rhaid i chi roi'r <u>UN manylyn hwn</u>:
1) <u>FECTOR Y TRAWSFUDIAD</u> (Gweler T.44 ar nodiant fector) $\begin{pmatrix} x \\ y \end{pmatrix}$

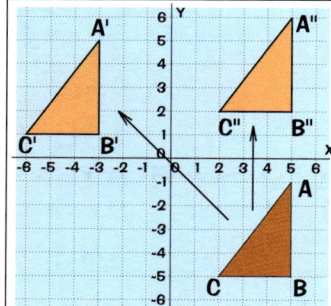

Mae ABC i A'B'C' yn <u>drawsfudiad o</u> $\begin{pmatrix} -8 \\ 6 \end{pmatrix}$

Mae ABC i A"B"C" yn <u>drawsfudiad o</u> $\begin{pmatrix} 0 \\ 7 \end{pmatrix}$

Yr unig beth sy'n newid mewn trawsfudiad yw *LLEOLIAD* y gwrthrych — mae <u>popeth arall</u> yn aros <u>yr un fath</u>.

4) HELAETHIAD

Mae'n rhaid i chi roi'r <u>2 fanylyn</u> hyn:
1) Y <u>FFACTOR GRADDFA</u>
2) <u>CANOL</u> yr Helaethiad

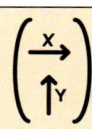

Mae o <u>A i B</u> yn helaethiad <u>ffactor graddfa 2</u>, a <u>chanol (2,6)</u>

Mae o <u>B i A</u> yn helaethiad <u>ffactor graddfa 1/2</u>, a <u>chanol (2,6)</u>

Mewn helaethiad, mae ONGLAU'r gwrthrych yn <u>aros yr un fath</u>. Mae CYMAREBAU hydoedd yr ochrau, a GOGWYDDIAD y gwrthrych yn <u>aros yr un fath</u>. Gall popeth arall newid.

Y Prawf Hollbwysig:

DYSGWCH enwau'r Pedwar Trawsffurfiad a'r manylion am bob un ohonynt. Pan fyddwch yn meddwl eich bod yn eu gwybod, <u>cuddiwch y dudalen a'u hysgrifennu</u>.

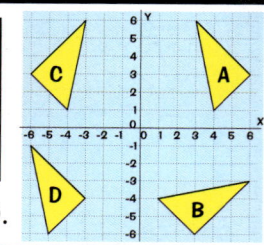

1) Rhowch ddisgrifiad <u>llawn</u> o'r trawsffurfiadau hyn: A→B, B→C, C→A, A→D.

Cyfuniadau o Drawsffurfiadau

Mewn cwestiynau arholiad byddant yn aml yn gwneud rhywbeth <u>dychrynllyd</u> fel <u>gosod dau drawsffurfiad gyda'i gilydd</u> a gofyn i chi pa gyfuniad sy'n symud siâp A i siâp B. Byddwch yn <u>barod am hyn</u>!

Po <u>orau</u> y byddwch yn <u>eu gwybod i gyd</u> — <u>hawsaf</u> yn y byd fydd hi!

Nid yw'r mathau hyn o gwestiynau mor ddrwg â hynny — <u>CYHYD Â'CH BOD</u> wedi <u>DYSGU</u>'r <u>pedwar trawsffurfiad</u> ar y dudalen ddiwethaf yn <u>wirioneddol dda</u> — os na fyddwch yn eu gwybod byddwch yn sicr o gael trafferth i weld <u>cyfuniadau</u> ohonynt.
Yn sylfaenol, y dull yw "<u>Rhowch gynnig ar … er mwyn gweld</u>"

Enghraifft

"<u>Pa gyfuniad o ddau drawsffurfiad sy'n mynd â chi o driongl A i driongl B?</u>"

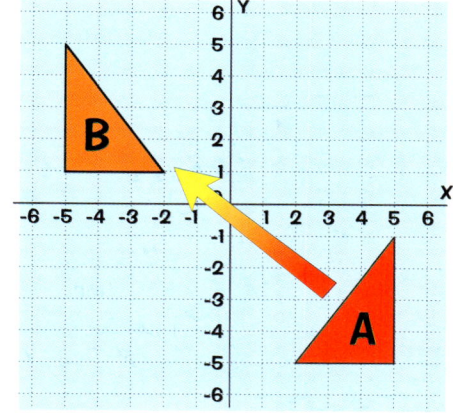

(Fel arfer mae mwy nag un ffordd o fynd o un siâp i un arall — ond cofiwch dim ond <u>UN</u> ohonynt sy'n rhaid i chi ei ddarganfod).

Dull: Rhowch gynnig ar drawsffurfiad amlwg yn gyntaf, er mwyn gweld …

<u>Meddyliwch</u> am y peth, <u>dim ond</u> cyfuniad o ddau o'r <u>pedwar math</u> a ddangosir ar y dudalen ddiwethaf all roi'r ateb, felly gallwch ddechrau <u>cyfyngu</u> pethau'n syth:

1) Gan fod y siapiau <u>o'r un maint</u> gallwn <u>anwybyddu helaethiadau</u>.
2) Yna, <u>rhowch gynnig ar adlewyrchiad</u> (un ai yn echelin X neu yn echelin Y). Yma rydym wedi rhoi cynnig ar adlewyrchiad yn <u>echelin Y</u>, i roi siâp A':
3) Nawr, dylech allu gweld y <u>cam olaf</u> o A' i B yn rhwydd — mae'n <u>drawsfudiad</u> o $\begin{pmatrix} 0 \\ 6 \end{pmatrix}$

A dyna ni — <u>WEDI EI WNEUD</u> — mae o A i B yn gyfuniad o:

<u>ADLEWYRCHIAD YN ECHELIN Y</u> wedi ei ddilyn gan
<u>DRAWSFUDIAD O</u> $\begin{pmatrix} 0 \\ 6 \end{pmatrix}$

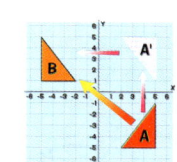

O leiaf, mae hynny'n <u>un ateb</u> beth bynnag. Ar y llaw arall, pe byddem yn penderfynu ei adlewyrchu yn <u>echelin X</u> yn gyntaf (fel sy'n cael ei ddangos yma) byddem yn cael ateb arall (gweler Prawf Hollbwysig isod) — ond mae'r ddau yn gywir.

"Ond <u>pa drawsffurfiad</u> ddylwn i roi cynnig arno yn gyntaf?"

Wel, mae'n dibynnu ar <u>sut mae'n edrych</u>. Ond po <u>fwyaf o gwestiynau trawsffurfiad</u> fyddwch chi'n eu gwneud, amlycaf yn y byd fydd y dyfaliad cyntaf. Mewn geiriau eraill: po fwyaf o <u>ymarfer</u> fyddwch chi'n ei gael, <u>hawsaf</u> yn y byd fydd y gwaith.

Y Prawf Hollbwysig:
<u>DYSGWCH</u> y <u>prif bwyntiau</u> ar y dudalen hon.
Yna <u>cuddiwch y dudalen</u> ac <u>ysgrifennwch bopeth</u>.

1) Pa bâr o drawsffurfiadau fydd yn trawsffurfio siâp C yn siâp D?
   Pa bâr fydd yn trawsffurfio siâp D yn siâp C?
2) Yn yr enghraifft uchod, darganfyddwch y trawsffurfiad arall sydd ei angen i gyrraedd siâp B ar ôl adlewyrchu siâp A yn echelin X.

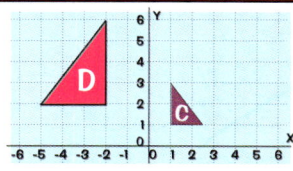

ADRAN DAU — SIAPIAU

Geometreg

8 Rheol Syml — dyna'i gyd:

Os byddwch yn gwybod y rhain I GYD — YN IAWN, bydd gennych obaith reit dda o ddatrys problemau llinellau ac onglau. Os na fyddwch yn eu gwybod — does dim gobaith o gwbl.

1) Onglau mewn triongl

Maen nhw'n adio i 180°.

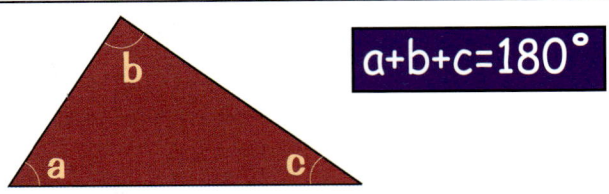

$a+b+c=180°$

2) Onglau ar linell syth

Maen nhw'n adio i 180°.

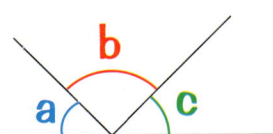

$a+b+c=180°$

3) Onglau mewn siâp 4-ochr

("Pedrochr")

Maen nhw'n adio i 360°.

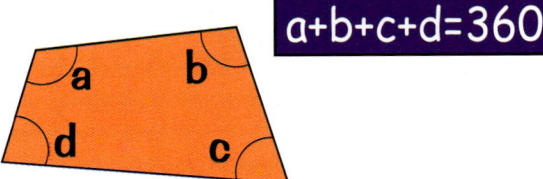

$a+b+c+d=360°$

4) Onglau o amgylch pwynt

Maen nhw'n adio i 360°.

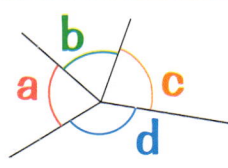

$a+b+c+d=360°$

5) Ongl Allanol Triongl

Ongl Allanol triongl
 = cyfanswm Onglau Cyferbyn Mewnol

h.y. a + b = d

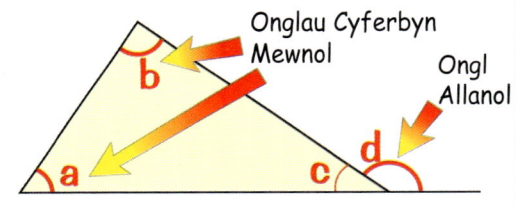

6) Trionglau Isosgeles

2 ochr yr un faint
2 ongl yr un faint

Mae'r marciau hyn yn dangos dwy ochr o'r un hyd.

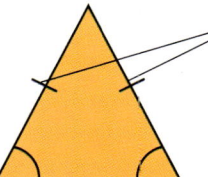

Mewn triongl isosgeles, *DIM OND UN ONGL SYDD ANGEN I CHI EI GWYBOD* er mwyn gallu darganfod y ddwy arall. *COFIWCH HYN* — mae'n hynod o ddefnyddiol.

a)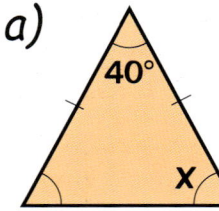

180° − 40° = 140°
Mae'r ddwy ongl sail yr un faint a rhaid iddynt adio i 140°, felly mae'n rhaid bod pob un yn hanner 140° (= 70°). Felly X = 70°.

b) Mae'n rhaid bod y ddwy ongl sail yr un faint, felly 50° + 50° = 100°.
Mae'r onglau i gyd yn adio i 180° felly Y = 180° - 100° = 80°.

ADRAN DAU — SIAPIAU

Geometreg

7) Llinellau Paralel

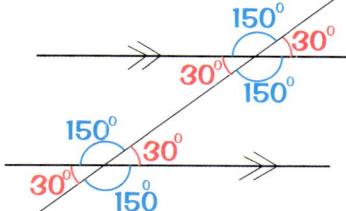 Pan fo un llinell yn croesi 2 linell baralel, yna bydd yr onglau wrth y croesiadau yn hafal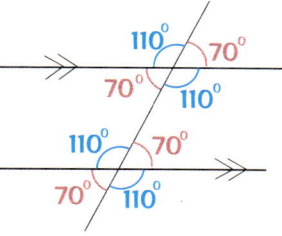

[Golyga'r saethau fod y 2 linell yn baralel]

> Pan fo gennych DDWY LINELL BARALEL *dim ond dwy ongl wahanol sydd*:
> UN FACH ac UN FAWR ac maen nhw BOB AMSER YN ADIO I 180°.
> E.e. 30° a 150° neu 70° a 110°

Un o'r pethau mwyaf anodd am linellau paralel yw dod o hyd iddynt yn y lle cyntaf — edrychwch am siapiau "Z", "C", "U" ac "F":

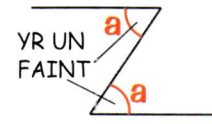
Mewn siâp Z fe'u gelwir yn "ONGLAU EILEDOL"

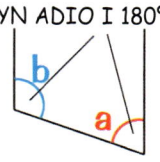
Os ydynt yn adio i 180°, fe'u gelwir yn "ONGLAU ATODOL"

Mewn siâp F fe'u gelwir yn "ONGLAU CYFATEBOL"

Mae'n rhaid i chi ddysgu'r enwau gwirion hyn hefyd!

Os oes angen, ESTYNNWCH Y LLINELLAU er mwyn hwyluso'r gwaith:

8) Polygonau Afreolaidd: Onglau Mewnol ac Allanol

Yn syml, mae polygon afreolaidd yn golygu unrhyw siâp a chanddo lawer o ochrau syth nad ydynt i gyd o'r un hyd. Dylech wybod y ddwy fformiwla hyn:

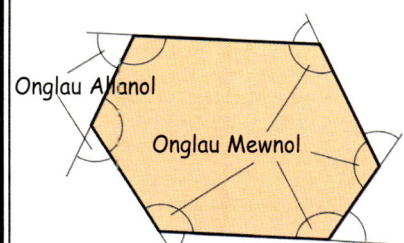

Swm yr Onglau Allanol = 360°

Swm yr Onglau Mewnol = (n − 2) × 180°
lle mae n yn cynrychioli nifer yr ochrau

Mae'r fformiwla hon yn gweithio ar gyfer unrhyw bolygon, ond mae'n siŵr eich bod yn gwybod beth yw onglau polygon rheolaidd beth bynnag!

Ceir y fformiwla (n − 2) × 180° drwy rannu tu mewn y polygon yn drionglau gan ddefnyddio croesliniau llawn. Mae pob triongl yn cynnwys 180°, felly'r cyfan sydd raid i chi ei wneud yw cyfri'r trionglau a lluosi â 180°. Bydd nifer y trionglau bob amser ddau yn llai na nifer yr ochrau, a hyn sy'n rhoi (n − 2).

6 ochr
4 triongl

Y Prawf Hollbwysig:
DYSGWCH BOPETH ar y ddwy dudalen hyn. Yna trowch y dudalen a cheisio gweld faint fedrwch chi ei ysgrifennu.

1) Darganfyddwch faint ongl Z yn y triongl a ddangosir yma:
2) Beth yw cyfanswm onglau allanol polygon 7 ochr?
3) Beth yw cyfanswm onglau mewnol polygon 5 ochr?
4) Yn un o'r diagramau uchod gwelir bod un ongl yn 60°. Darganfyddwch y 7 ongl arall.

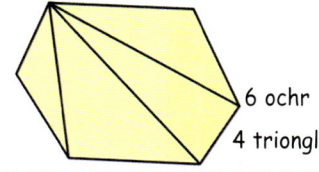

ADRAN DAU — SIAPIAU

Geometreg y Cylch

Naw Rheol Syml — dyna i gyd:

Rhaid i chi ddysgu'r rhain hefyd er mwyn datrys y problemau ar gylchoedd.

1) ONGL MEWN HANNER CYLCH = 90°

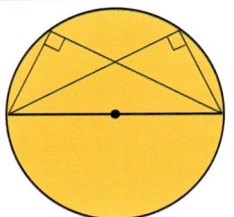

Mae triongl sy'n cael ei dynnu o ddau ben diamedr BOB AMSER yn gwneud ongl o 90° yn y man lle bydd yn taro'r cylchyn, ble bynnag y bydd hynny.

2) MAE TANGIAD A RADIWS YN CYFARFOD AR 90°

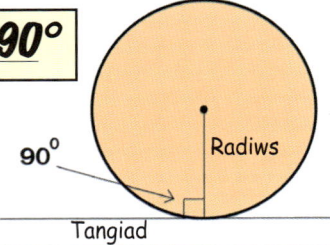

TANGIAD yw llinell sy'n prin gyffwrdd ag ymyl cromlin. Os yw tangiad a radiws yn cyfarfod yn yr un pwynt, yna mae'r ongl rhyngddynt yn UNION 90°.

3) TRIONGLAU ISOSGELES SY'N CAEL EU FFURFIO GAN DDAU RADIWS

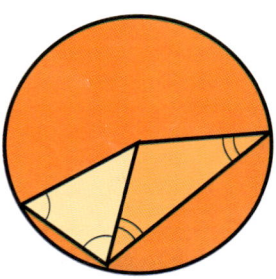

Yn wahanol i drionglau isosgeles eraill, does yna ddim marciau bychain ar yr ochrau i'ch atgoffa eu bod o'r un hyd — mae'r ffaith mai dau radiws sydd yma yn ddigon i wneud y triongl yn isosgeles.

4) MAE HANERYDD PERPENDICWLAR CORD YN DDIAMEDR

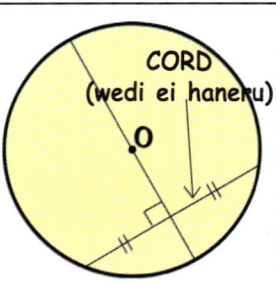

CORD yw unrhyw linell sydd wedi'i thynnu ar draws cylch, a ble bynnag y bydd y cord yn cael ei lunio, bydd y llinell sy'n ei dorri'n union yn ei hanner (ar ongl o 90°) yn mynd drwy ganol y cylch ac felly mae'n rhaid bod hon yn DDIAMEDR.

5) MAE'R ONGLAU YN YR UN SEGMENT YN HAFAL

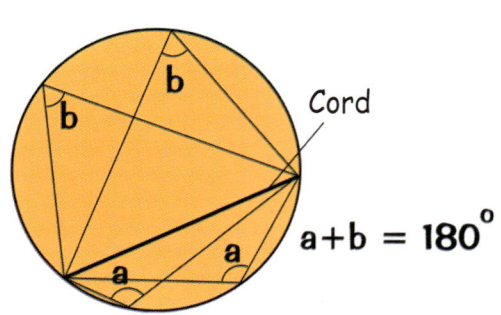

Bydd gan bob triongl sy'n cael ei lunio o gord onglau o'r un maint yn y mannau lle byddant yn cyffwrdd â'r cylchyn.

Hefyd, mae'r ddwy ongl ar ochrau cyferbyn y cord yn adio i 180°.

Pan fo'r cord yn torri'r cylch yn ei hanner (i ffurfio 2 hanner cylch), mae'r ongl ar y cylchyn bob amser yn ongl sgwâr.

Geometreg y Cylch

6) MAE'R ONGL YN Y CANOL YN DDWYWAITH YR ONGL AR YR YMYL

Mae'r ongl a gynhelir yng nghanol y cylch yn UNION DDWYWAITH yr ongl a gynhelir ar ymyl y cylch o'r un ddau bwynt (dau ben yr un cord). Mae'r geiriau "yr ongl a gynhelir yn" yn golygu'r un peth ag "yr ongl a ffurfir yn".

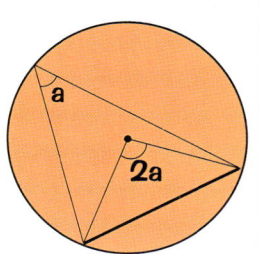

7) MAE ONGLAU CYFERBYN PEDROCHR CYLCHOL YN ADIO I 180°

$a + c = 180°$
$b + d = 180°$

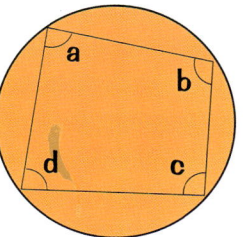

Siâp pedair ochr â phob cornel ar gylchyn y cylch yw *pedrochr cylchol*. Mae'r ddau bâr o onglau cyferbyn yn adio i 180°.

8) HAFALEDD TANGIADAU O BWYNT

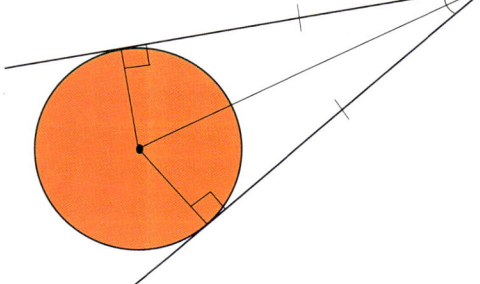

Mae'r ddau dangiad sy'n cael eu llunio o bwynt allanol bob amser yn hafal o ran hyd, ac felly'n creu sefyllfa "isosgeles", gyda dau driongl ongl sgwâr cyfath.

9) MAE ONGL YN Y SEGMENT CYFERBYN YN HAFAL

Efallai mai dyma'r rheol anoddaf i'w chofio. Os ydych yn llunio tangiad a chord sy'n cyfarfod, yna mae'r ongl rhyngddynt bob amser yn hafal i'r "ongl yn y segment cyferbyn" (h.y. yr ongl sy'n cael ei ffurfio ar gylchyn y cylch gan ddwy linell sydd wedi eu tynnu o'r cord)

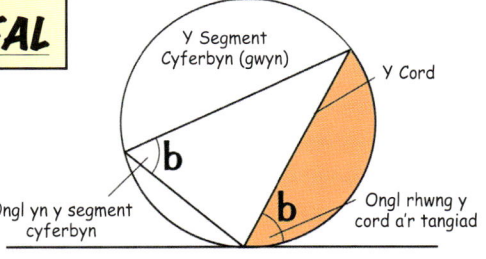

10) OS BYDDWCH YN CAEL ANHAWSTER...

Mae'n ddigon hawdd syllu ar broblem geometrig a bod ar goll yn llwyr — OS BYDD HYN YN DIGWYDD, dyma beth fydd yn rhaid i chi ei wneud:

EWCH DRWY'R 17 RHEOL (ar dudalennau 36-39) FESUL UN, mewn cymaint o ffyrdd ag sydd bosibl — MAE UN OHONYNT YN SICR O WEITHIO.

Mewn geiriau eraill, darganfyddwch BOB ongl wrth iddynt ddod yn amlwg.

Y Prawf Hollbwysig: DYSGWCH y Naw Rheol ar y ddwy dudalen hyn, yn ogystal â'r 8 rheol ar y ddwy dudalen ddiwethaf. Yna cuddiwch y dudalen ac ysgrifennwch nhw i gyd.

Gwiriwch eich gwaith a rhowch gynnig arall arni — a daliwch ati nes i chi lwyddo!

ADRAN DAU — SIAPIAU

Nodiant Tair Llythyren ar gyfer Onglau

Defnyddio Tair Llythyren i Ddynodi Onglau

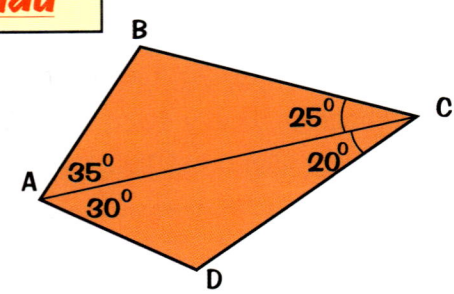

Y ffordd orau o drafod onglau mewn diagram yw trwy ddefnyddio TAIR llythyren. Er enghraifft, yn y diagram, mae ongl ACB = 25°.

Dyma'r dull a ddefnyddir yn yr Arholiad — felly dylech fod yn gyfarwydd ag ef. Mae'n eithaf syml:

1) Y LLYTHYREN GANOL sy'n nodi lleoliad yr ongl.
2) Mae'r DDWY LYTHYREN ARALL yn dweud wrthych PA DDWY LINELL sy'n cynnwys yr ongl.

ENGHREIFFTIAU O'R DIAGRAM UCHOD:
1) Mae ongl BCD YN C ac yn CAEL EI CHYNNWYS GAN y llinellau BC ac CD (rhannu BCD yn BC-CD). Felly mae ongl BCD = 45°.
2) Mae ongl ACD (AC-CD) YN C ac yn CAEL EI CHYNNWYS GAN y llinellau AC ac CD. ACD = 20°.

Cwestiwn Eithaf Anodd — sy'n egluro'r nodiant 3 llythyren

CWESTIWN:
"Darganfyddwch yr holl onglau sydd yn y diagram hwn."
(Defnyddiwch Reol 10 ar T.39 a sylwch sut y mae hyn yn hwyluso pethau)

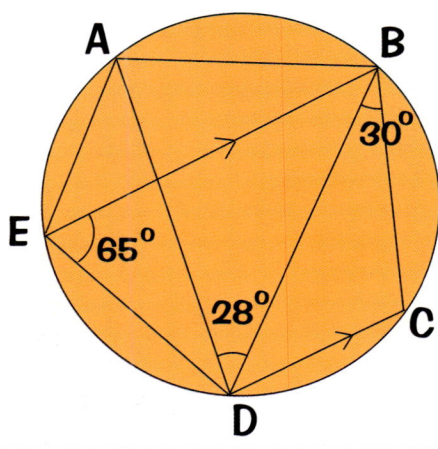

ATEB:
1) LLINELLAU PARALEL — mae 4 gwahanol linell mewn gwirionedd yn croesi'r 2 linell baralel, ond y llinell fwyaf defnyddiol yw ED sy'n dweud wrthym fod EDC yn 115°.
2) ONGL YN YR UN SEGMENT — mae wyth gwahanol gord posibl lle gellid defnyddio'r rheol hon, ond mae rhai yn fwy defnyddiol na'i gilydd:
    EAD = EBD, ADB = AEB (felly AEB = 28°)
    ABE = ADE, DAB = DEB (felly DAB = 65°)
3) ONGLAU MEWN SEGMENTAU CYFERBYN — unwaith eto mae tri gwahanol gord posibl lle gellid defnyddio'r rheol hon ac mae dau ohonynt yn rhoi canlyniadau!
    BCD = 180 − 65 = 115°
    ABD = 180 − (65+28) = 87°
4) MAE ONGLAU MEWN TRIONGL YN ADIO I 180° - bydd hon, y rheol symlaf ohonynt i gyd, yn ei gwneud hi'n bosibl i chi ddarganfod yr holl onglau eraill.

Y Prawf Hollbwysig:
DYSGWCH beth yw ystyr nodiant 3 llythyren. Yna cuddiwch y dudalen a rhowch enghraifft.

1) Edrychwch ar y diagram ar ben y dudalen ac ysgrifennwch beth yw maint ongl BAC, a hefyd rhowch y nodiant tair llythyren ar gyfer yr onglau sy'n a) 30° a b) 65°.
2) Defnyddiwch yr Enghraifft uchod i ymarfer nes byddwch yn deall pob cam a nes y byddwch yn gallu gwneud y gwaith eich hun heb gymorth y nodiadau - daliwch i ymarfer nes i chi lwyddo.

Tafluniadau, Cyfathiant a Chyflunedd

Mae Tafluniadau yn dangos Graddfa'r Siâp

Mae '*tafluniad*' yn dangos maint a siâp cymharol gwrthrych un ai o'r *blaen*, o'r *ochr* neu o'r *cefn* — yr enw cyffredin arnynt yw '*golygon*'. Mae '*uwcholwg*' yn dangos y gwrthrych o bwynt *uwch ei ben*. Mae'r rhain bob amser yn cael eu *llunio wrth raddfa*. Edrychwch ar yr eglwys hon (wn i, llun gwael) — gallwch ei dangos fel hyn:

BLAENOLWG
- yr olygfa fyddech chi'n ei gweld wrth edrych ar yr eglwys yn union *o'r tu blaen*:

OCHR-OLWG
- yr olygfa fyddech chi'n ei gweld wrth edrych ar yr eglwys yn union *o'r ochr*:

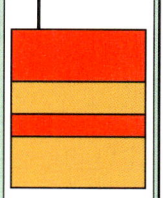

UWCHOLWG
- yr olygfa fyddech chi'n ei gweld wrth edrych ar yr eglwys o bwynt yn union *uwch ei phen*:

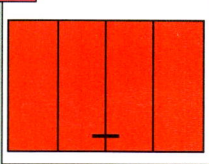

Os byddant yn teimlo'n gas iawn (ac mae hynny'n digwydd yn aml), gallant ofyn cwestiwn ar:

Mae'r gwaith hwn ychydig yn fwy cymhleth, felly byddai'n syniad da treulio ychydig mwy o amser yn ymarfer — er mwyn ei ddeall yn iawn.

Tafluniad ISOMEDRIG
- yma mae'r siâp yn cael ei lunio (unwaith eto, wrth raddfa) o bwynt sy'n ffurfio *onglau hafal* â'r tair echelin (x, y a z). Neu yn fwy syml, mae'n lluniad fel hwn:

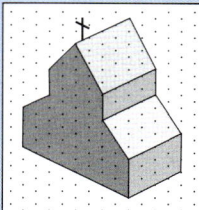

Cyfathiant a Chyflunedd

Gair mathemategol arall sy'n swnio'n anodd yw *cyfathiant* ond mae'r syniad yn un syml:
Os yw dau siâp yn GYFATH, maen nhw *yr un fath — yr un maint a'r un siâp.*

CYFATH
- yr un maint, yr un siâp
Mae A, B ac C yn GYFATH (â'i gilydd)

CYFLUN
- yr un siâp, *ond gall y maint fod yn wahanol*
Mae D ac E yn GYFLUN, *(ond nid ydynt yn gyfath)*

Cofiwch: pan fydd gennych siapiau *cyflun, bydd yr onglau bob amser yr un fath.*

Y Prawf Hollbwysig:
Gofalwch eich bod yn deall Y PEDWAR TAFLUNIAD, a DYSGWCH yn union beth yw ystyr "CYFLUN" a "CHYFATH".

Nawr cuddiwch y dudalen ac ysgrifennwch yr hyn rydych wedi ei ddysgu, a'i GOFIO am byth!
1) Lluniwch uwcholwg, blaenolwg ac ochrolwg a thafluniad isomedrig o'ch tŷ eich hun.
2) a) Pa rai o'r pedwar siâp canlynol sy'n gyflun?
   b) Pa rai sy'n gyfath?

i) 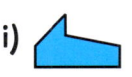 ii)  iii) 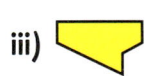 iv)

ADRAN DAU — SIAPIAU

Crynodeb Adolygu Adran Dau

Mae'r cwestiynau hyn yn fwy anodd, <u>ond cofiwch mai dyma'r math gorau o adolygu allwch chi ei wneud</u>. Mae'r cwestiynau hyn yn syml iawn ac yn uniongyrchol. Nid ydynt yn gofyn unrhyw beth cymhleth, dim ond sicrhau eich bod wedi <u>dysgu'r</u> holl <u>ffeithiau sylfaenol</u> yn Adran Dau. Mae'n bwysig iawn eich bod yn dal ati i ymarfer y rhain cyn amled ag sydd bosibl.

Daliwch ati i ddysgu'r ffeithiau sylfaenol hyn nes byddwch yn eu gwybod.

1) Beth yw polygon rheolaidd? Lluniwch y 6 chyntaf a disgrifiwch eu cymesuredd.
2) Beth yw'r 2 ongl allweddol mewn polygonau rheolaidd? Sut mae darganfod yr onglau hyn?
3) Beth yw enw'r 3 math o gymesuredd? Tynnwch lun enghreifftiol o bob un.
4) Beth yw'r cyfarpar mwyaf defnyddiol ar gyfer gweithio gyda chymesuredd?
5) Tynnwch luniau ac enwch 6 math gwahanol o bedrochrau a nodwch eu holl gymesuredd.
6) Enwch 3 thriongl gwahanol. Tynnwch lun ohonynt a disgrifiwch eu cymesuredd yn llawn.
7) Enwch a thynnwch lun yr 8 solid gwahanol sydd ag 1 plân cymesuredd yr un.
8) Ysgrifennwch y fformiwlâu ar gyfer arwynebedd 5 siâp o fath gwahanol.
9) Beth yw π? Beth yw'r ddwy fformiwla ar gyfer cylch? Pryd fyddwch chi yn eu defnyddio?
10) Lluniwch gylch ac arno dangoswch: radiws, diamedr, arc, cord a thangiad.
11) Nodwch 3 cham pwysig wrth ddarganfod perimedr siâp yn llwyddiannus.
12) Beth yw'r 3 rheol ar gyfer cyfrifo arwynebeddau cymhleth?
13) Rhowch y fformiwlâu ar gyfer cyfeintiau dau fath o solid.
14) Beth yn union yw prism? Lluniwch un a dangoswch y ddau fanylyn pwysig arno.
15) Eglurwch beth yw ystyr arwynebedd arwyneb a beth yw rhwyd.
16) Beth yw'r cysylltiad rhwng y ddau? A oes fformiwla ar gyfer cyfrifo arwynebedd arwyneb?
17) Lluniwch y 4 rhwyd bwysig.
18) Beth yw'r 3 rheol ar gyfer adnabod pa fformiwlâu sy'n cyfeirio at hyd, arwynebedd a chyfaint?
19) Beth yw pedrochr?
20) Eglurwch beth yw onglau llym ac aflym a rhowch 2 enghraifft o bob un.
21) Mewn helaethiadau, beth yw effaith ffactor graddfa sy'n <u>fwy</u> nag 1, ar hydoedd yr ochrau?
22) Beth yw effaith ffactor graddfa sy'n <u>llai</u> nag 1?
23) Beth yw canol helaethiad?
24) Sut y defnyddir hwn ar gyfer llunio helaethiad?
25) Beth yw'r Triongl Fformiwla ar gyfer helaethiadau?
26) Dangoswch sut mae hwn yn gweithio drwy ddefnyddio'r cwestiwn am y llun wedi'i helaethu.
27) Mewn perthynas â'r pedwar helaethiad, beth yw ystyr y gair CATH?
28) Rhowch fanylion y 4 math o drawsffurfiad.
29) Rhestrwch 8 rheol gyntaf geometreg, a rhowch fanylion ychwanegol ar gyfer y 3 olaf.
30) Rhestrwch 9 rheol geometreg y cylch.
31) Beth yw'r nodiant 3 llythyren ar gyfer onglau? Rhowch enghraifft.
32) Lluniwch uwcholwg, ochrolwg a blaen olwg ar gyfer y ciwboid hwn:

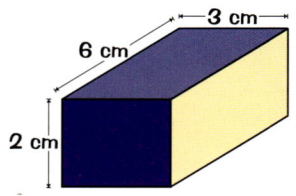

33) Lluniwch gynrychioliad isomedrig o giwb ag ochrau 3 uned.*
34) Eglurwch ystyron y geiriau cyfathiant a chyflunedd.

ADRAN DAU — SIAPIAU

* Os nad oes gennych bapur graff isomedrig, yna copïwch y patrwm dotiau oddi ar T.41 ac atebwch cystal ag y gallwch.

Adran Tri — Hwn A'r Llall

Cyfeiriannau

Cyfeiriannau — 3 Phwynt Allweddol

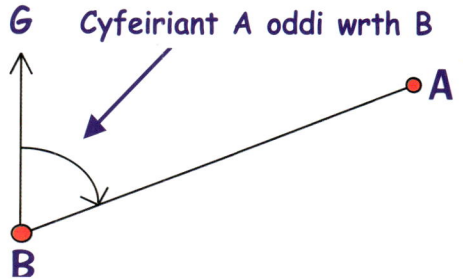

Cyfeiriant A oddi wrth B

1) Cyfeiriant yw'r CYFEIRIAD A DEITHIWYD rhwng dau bwynt, ac fe'i RHODDIR FEL ONGL mewn graddau.
2) Mae pob cyfeiriant yn cael ei fesur yn GLOCWEDD o LINELL Y GOGLEDD.
3) Dylid rhoi pob cyfeiriant fel 3 ffigur, e.e. 243°, 060° (nid 60°), 008° (nid 8°), 018°, ayyb

Y 3 Gair Allweddol

Dysgwch y rhain os ydych eisiau cael eich cyfeiriannau'n GYWIR

1) "ODDI WRTH"

Chwiliwch am y gair "O" neu "ODDI WRTH" yn y cwestiwn, a rhowch eich pensil ar y diagram ar y pwynt yr ydych yn mynd "oddi wrtho".

2) LLINELL Y GOGLEDD

Lluniwch LINELL Y GOGLEDD yn y pwynt yr ydych yn mynd "ODDI WRTHO".

3) CLOCWEDD

Nawr lluniwch yr ongl yn GLOCWEDD o linell y gogledd i'r llinell sy'n cysylltu'r ddau bwynt. Yr ongl hon yw'r CYFEIRIANT.

Enghraifft

Darganfyddwch gyfeiriant Q oddi wrth P:

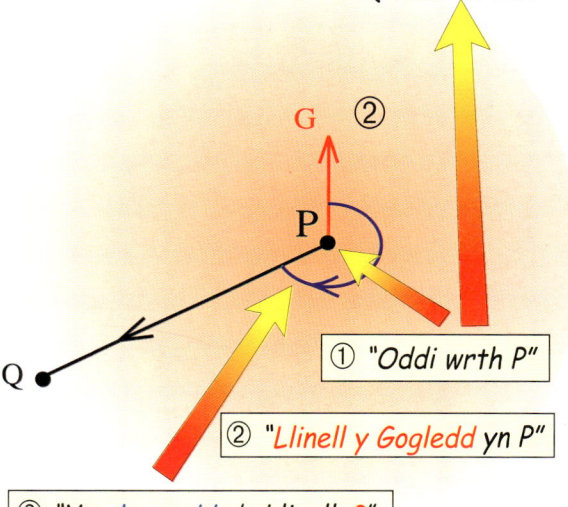

① "Oddi wrth P"
② "Llinell y Gogledd yn P"
③ "Yn glocwedd o'r Llinell-G".

Yr ongl hon yw cyfeiriant Q o P ac mae'n 245°.

Y Prawf Hollbwysig:

DYSGWCH beth yw 3 Nodwedd Cyfeiriannau a 3 Cham Allweddol y dull o'u darganfod.

Nawr cuddiwch y dudalen ac ysgrifennwch yr hyn rydych newydd ei ddysgu.
Daliwch ati nes gallwch ysgrifennu'r chwe phwynt oddi ar eich cof.

1) Darganfyddwch gyfeiriant H oddi wrth T. (Defnyddiwch onglydd)
2) Darganfyddwch gyfeiriant T oddi wrth H.

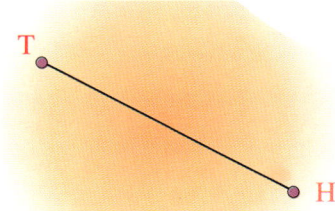

Fectorau

RHAI FFEITHIAU HYNOD O BWYSIG y dylech eu gwybod ynglŷn â Fectorau:

1) FECTOR yw hyd arbennig i gyfeiriad arbennig

1) Dangosir fectorau bob amser fel llinellau â saethau arnynt.
2) Mae hyd a chyfeiriad y llinell yn cynrychioli maint a chyfeiriad yr hyn y cyfeirir ato.
3) Mae pedwar nodiant y dylech eu gwybod. Gellir cyfeirio at y fector a ddangosir uchod fel:

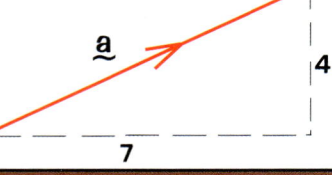

2) Beth yn Union yw Fectorau?

MAE GAN FECTORAU FAINT A CHYFEIRIAD — a dylech gofio hynny.

"Ond beth yw fector?" yw'r gri o'r galon.

Mae fectorau yn cynrychioli pethau go iawn a chanddynt FAINT a CHYFEIRIAD: pethau fel safle, cyflymder, cyflymiad, grym — pethau sydd nid yn unig yn fawr neu'n fach, ond sydd hefyd yn gweithredu i gyfeiriad penodol.

(Ar y llaw arall NID yw tymheredd yn fector, gan mai gwerth yn unig sydd ganddo, ee. 80°C, — nid yw byth yn pwyntio i gyfeiriad arbennig.)

Felly mae'r saethau hyn yr ydych eu trafod yn cynrychioli pethau pendant fel cyflymder neu rym, ayyb

Yn ffodus, mae gwybod y rheolau syml hyn yn ddigon i chi allu ateb cwestiynau ar fectorau — ond er hynny mae'n braf gwybod nad ydynt yn hollol amherthnasol.

3) Fectorau Colofn

1) Y nodiant ar gyfer fector colofn $\begin{pmatrix} x \rightarrow \\ y \uparrow \end{pmatrix}$, h.y. dau rif mewn cromfachau.

   Yma: Rhif uchaf = y pellter a symudwyd i'r cyfeiriad +X ($\rightarrow$)
         Rhif isaf = y pellter a symudwyd i'r cyfeiriad +Y ($\uparrow$)

2) Gofalwch roi x ac y yn y drefn gywir.

   Y ddau fector a ddangosir yw $\begin{pmatrix} 7 \\ 3 \end{pmatrix}$ a $\begin{pmatrix} 6 \\ -4 \end{pmatrix}$

3) Sylwch hefyd y bydd symud i'r cyfeiriad ← neu ↓ yn golygu rhif negatif yn y fector colofn, e.e. -4 yn yr enghraifft uchod.

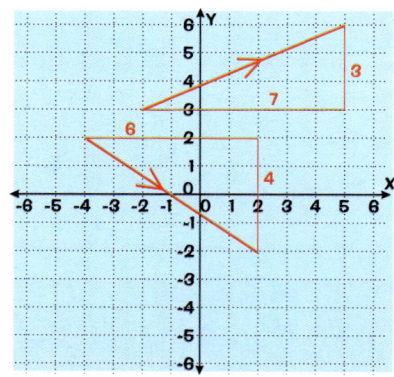

Y Prawf Hollbwysig: DYSGWCH y dudalen hon. Mae amryw o bwyntiau pwysig ym mhob un o'r 3 rhan — DYSGWCH NHW I GYD

1) Nawr cuddiwch y dudalen ac ysgrifennwch bopeth a wyddoch am fectorau, yn cynnwys y 4 nodiant, y 3 rheol ar gyfer fector colofn a'r 4 enghraifft o fector cyffredin a chyfarwydd.

ADRAN TRI — HWN A'R LLALL

Theorem Pythagoras

1) Mae THEOREM PYTHAGORAS yn mynd law yn llaw â SIN, COS a TAN gan eu bod yn ymwneud â THRIONGLAU ONGL SGWÂR.
2) Y prif wahaniaeth yw NAD YW THEOREM PYTHAGORAS YN TRAFOD ONGLAU O GWBL — mae'n defnyddio dwy ochr triongl i ddarganfod y drydedd ochr. (Mae SIN, COS a TAN bob amser yn trafod ONGLAU)

Dull

Y fformiwla sylfaenol ar gyfer theorem Pythagoras yw: $a^2 + b^2 = h^2$

Cofiwch — dim ond gyda THRIONGLAU ONGL SGWÂR y gellir defnyddio theorem Pythagoras.

Gall y fformiwla fod yn eithaf anodd i'w defnyddio. Felly, byddai'n llawer gwell cofio'r TRI CHAM SYML hyn, sy'n gweithio bob tro:

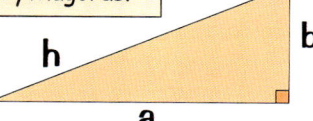

1) Sgwario
SGWARIWCH Y DDAU RIF a roddir,
(defnyddiwch y botwm x^2 os ydych yn defnyddio'ch cyfrifiannell. Os nad ydych yn defnyddio cyfrifiannell gofalwch eich bod yn gwybod y sgwariau ar T.1).

2) Adio neu Dynnu
Er mwyn darganfod yr ochr hwyaf, ADIWCH y ddau rif sgwâr.

Er mwyn darganfod un o'r ochrau byr, TYNNWCH y lleiaf o'r mwyaf.

3) Ail Isradd
Ar ôl adio neu dynnu, darganfyddwch AIL ISRADD yr ateb.
(Drwy bwyso √, yna gwirio fod eich ateb yn un SYNHWYROL, neu drwy gofio popeth ar T.1)

Enghraifft 1: "Darganfyddwch yr ochr sydd ar goll yn y triongl hwn."

ATEB:
❶ Sgwario: $5^2 = 25$, $3^2 = 9$
❷ Rydym eisiau darganfod hyd un o'r ochrau byr, felly TYNNU: 25 – 9 = 16
❸ Ail isradd: $\sqrt{16} = 4$ Felly yr ochr anhysbys = 4 m

(Dylech ofyn y cwestiwn canlynol bob amser: "A yw hwn yn ateb synhwyrol?" - yn yr achos hwn gallwch ddweud "YDI", gan ei fod yn llai na 5 m, fel y dylai fod gan mai 5 m yw'r ochr hwyaf')

Enghraifft 2: "Darganfyddwch hyd y segment llinell a ddangosir".

Gweler cyfesurynnau ar T. 68

ATEB:
❶ Cyfrifwch pa mor bell ar draws ac i fyny yw hi o A i B
❷ Cofiwch drin hyn yn union fel triongl cyffredin...
❸ Sgwariwch: $3^2 = 9$, $4^2 = 16$
❹ Rydych chi eisiau darganfod yr ochr hwyaf (yr hypotenws), felly ADIO: 9 + 16 = 25.
❺ Ail isradd: $\sqrt{25} = 5$
Felly hyd y segment llinell = 5 uned

Y Prawf Hollbwysig:

DYSGWCH y 2 ffaith sy'n cysylltu Pythagoras â SIN, COS, TAN a 3 cham y dull Pythagoras.

Nawr cuddiwch y dudalen ac ysgrifennwch yr hyn ydych wedi ei ddysgu.

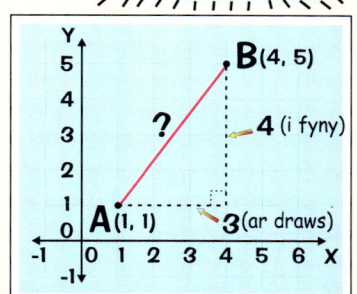

1) Yna defnyddiwch y dull uchod i ddarganfod hyd ochr BC:
2) Mae ochrau triongl arall yn mesur 5 m, 12 m a 13 m.
   A yw hwn yn driongl ongl sgwâr? Sut ydych chi'n gwybod hynny?

ADRAN TRI — HWN A'R LLALL

Trigonometreg — SIN, COS, TAN

Mae <u>defnyddio trionglau fformiwla</u> i wneud Trigonometreg yn gwneud popeth yn <u>llawer haws</u>, ond cofiwch ddilyn y camau hyn i gyd yn y drefn hon <u>BOB AMSER</u>. Os anghofiwch un ohonynt <u>rydych yn gofyn am helynt</u>.

Dull

Defnyddio SIN, COS a TAN i ddatrys trionglau ongl sgwâr

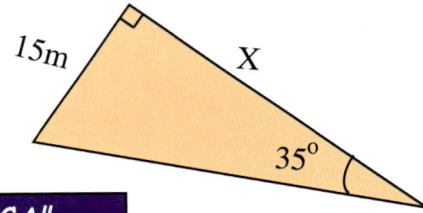

1) Labelwch y tair ochr yn C, A a H

(Cyferbyn, Agos a Hypotenws).

2) Ysgrifennwch <u>ODDI AR EICH COF</u> "SCH CAH TCA"

3) Penderfynwch <u>PA DDWY OCHR</u> sydd dan sylw C, H   A, H   ynteu   C,A

ac yna dewiswch S<u>CH</u>, C<u>AH</u> neu T<u>CA</u> o'r rhai uchod

4) Trowch y llythrennau ydych chi wedi eu dewis yn <u>DRIONGL FFORMIWLA</u>, fel hyn:

S C H   C A H   T C A   (Gweler T.52)

 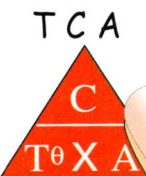

5) Cuddiwch yr hyn yr ydych chi am ei ddarganfod

â'ch bys, ac ysgrifennwch beth bynnag sydd ar ôl.

6) Rhowch rifau yn lle'r llythrennau a chyfrifwch yr ateb

7) Yn olaf, gwiriwch fod eich ateb yn <u>gwneud synnwyr</u>.

Saith o Fanylion Pwysig i'w Cofio

☺ <u>HYPOTENWS</u> yw'r <u>OCHR HWYAF</u>.
<u>CYFERBYN</u> yw'r ochr <u>GYFERBYN</u> â'r ongl a ddefnyddir (θ).
<u>AGOS</u> yw'r ochr <u>AGOSAF AT</u> yr ongl a ddefnyddir (θ).

☺ θ <u>YW'R LLYTHYREN ROEG "theta", ac fe'i defnyddir i gynrychioli ONGLAU</u>

☺ <u>Yn y trionglau fformiwla</u>, mae $S^θ$ yn cynrychioli SIN θ, $C^θ$ yw COS θ, a $T^θ$ yw TAN θ.

☺ Ar rai cyfrifianellau, mae'n rhaid i chi fwydo'r ffwythiannau trigonometrig <u>O CHWITH</u>.
Felly i fwydo SIN 45, efallai y bydd yn rhaid i chi bwyso [45] [SIN] (ond erbyn hyn mae'r rhan fwyaf o gyfrifianellau yn gwneud hyn yn y drefn gywir).

☺ Cofiwch, <u>ER MWYN DARGANFOD YR ONGL — DEFNYDDIWCH Y GWRTHDRO</u> (gweler gyferbyn →).

☺ <u>DEFNYDDIWCH DDIAGRAM BOB AMSER</u> — lluniwch ddiagram eich hunan os bydd angen.

☺ Dim ond gyda <u>THRIONGLAU ONGL SGWÂR</u> y gallwch ddefnyddio SIN, COS a TAN — efallai y bydd yn rhaid i chi <u>ychwanegu llinellau at y diagram i ffurfio un</u> — yn arbennig ar drionglau <u>ISOSGELES</u>.

Y Prawf Hollbwysig:

DYSGWCH <u>7 Cam y Dull</u> a hefyd ... ... y <u>7 Manylyn Pwysig</u>.

Yna cuddiwch y dudalen ac ysgrifennwch bopeth oddi ar eich cof.

ADRAN TRI — HWN A'R LLALL

Trigonometreg — SIN, COS, TAN

Enghraifft 1)   "Darganfyddwch x yn y triongl a ddangosir."

1) Labelwch C, A, H
2) Ysgrifennwch "SCH CAH TCA"
3) Y ddwy ochr dan sylw yw: C, H
4) Felly defnyddiwch
5) Rydym eisiau darganfod H felly rhowch eich bys drosto i adael: $H = \frac{C}{S\theta}$
6) Troswch:
   Pwyswch 15 ÷ SIN 35 =   26.151702   Felly ateb = 26.2 m

   $x = \frac{15}{\sin 35}$

7) A yw'r ateb yn un synhwyrol? Ydyw, mae'n tua dwywaith cymaint â 15, fel y mae'r diagram yn ei awgrymu.

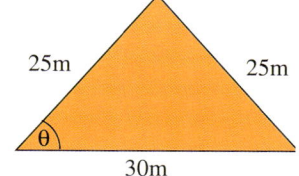

Enghraifft 2)   "Darganfyddwch ongl θ yn y triongl hwn."

1) Labelwch C, A, H
2) Ysgrifennwch "SCH CAH TCA"
3) Y ddwy ochr dan sylw yw: A, H
4) Felly defnyddiwch
5) Rydym eisiau darganfod θ felly rhowch eich bys dros Cθ i adael: $C\theta = \frac{A}{H}$
6) Troswch: ...
   NAWR DEFNYDDIWCH WRTHDRO: θ = INV COS (0.6)
   Pwyswch INV COS 0.6 =   53.130102   Felly, yr ateb = 53.1°

   $\cos \theta = \frac{15}{25} = 0.6$

7) Yn olaf, a yw'r ateb yn un synhwyrol? Ydyw, mae'r ongl yn edrych tua 50°.

Y ffordd arferol o drin TRIONGL ISOSGELES yw ei hollti i lawr ei ganol i ffurfio ONGL SGWÂR:

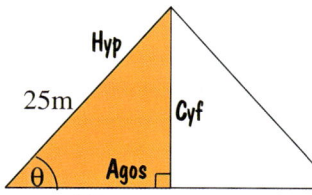

Onglau Codi a Gostwng

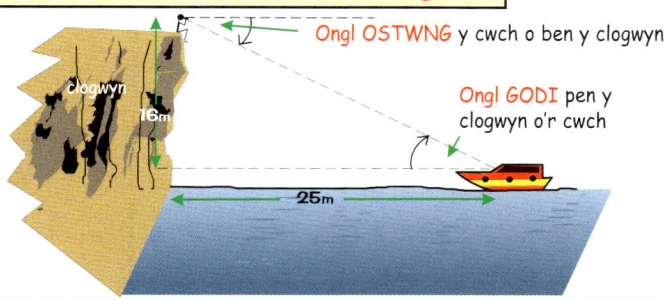

Ongl OSTWNG y cwch o ben y clogwyn
Ongl GODI pen y clogwyn o'r cwch

1) Yr Ongl Ostwng yw'r ongl tuag i lawr o'r llorwedd.
2) Yr Ongl Godi yw'r ongl tuag i fyny o'r llorwedd.
3) Mae'r Ongl Godi a'r Ongl Ostwng BOB AMSER YN HAFAL.

Y Prawf Hollbwysig:
Cofiwch ymarfer y cwestiynau hyn nes byddwch yn gallu defnyddio'r dull yn rhwydd heb gymorth y nodiadau.

1) Darganfyddwch X

2) Darganfyddwch θ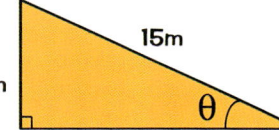

3) Cyfrifwch yr onglau codi a gostwng yn y llun uchod o'r cwch.

Locysau a Lluniadau

Yn syml <u>LOCWS</u> (gair gwirion arall) yw:

> LLINELL sy'n dangos <u>yr holl bwyntiau sy'n bodloni rheol a roddir</u>

Gofalwch eich bod yn <u>dysgu</u> sut i lunio'r rhain yn <u>GYWIR</u> gan ddefnyddio <u>PREN MESUR A CHWMPAS</u>, fel sy'n cael ei ddangos ar y ddwy dudalen hyn

1) Locws pwyntiau sydd "BELLTER PENODOL o BWYNT penodol"

<u>CYLCH</u> yw'r locws hwn.

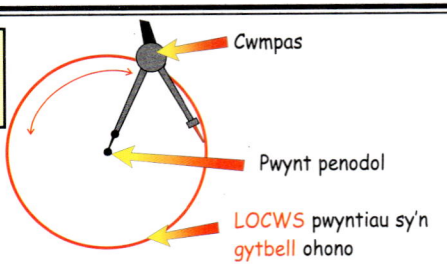

2) Locws pwyntiau sydd "BELLTER PENODOL o LINELL benodol"

Mae <u>SIÂP HIRGRWN</u> ar y locws hwn.

Mae ganddo <u>ochrau syth</u> (wedi eu llunio â <u>phren mesur</u>) ac mae ei <u>ddau ben</u> yn <u>hanner cylch perffaith</u> (wedi eu llunio â <u>chwmpas</u>).

3) Locws pwyntiau sydd "yn GYTBELL o DDWY LINELL BENODOL"

1) <u>PEIDIWCH Â NEWID</u> ongl y cwmpas wrth wneud y <u>pedwar marc</u>.
2) Gofalwch bob amser fod marciau'r cwmpas <u>yn glir</u>.
3) Rydych yn cael <u>dwy ongl hafal</u> — h.y. mae'r LOCWS hwn yn <u>HANERU'R ONGL</u>.

4) Locws pwyntiau sydd "yn GYTBELL o DDAU BWYNT PENODOL"

(Yn y diagram isod, A a B yw'r ddau bwynt penodol)

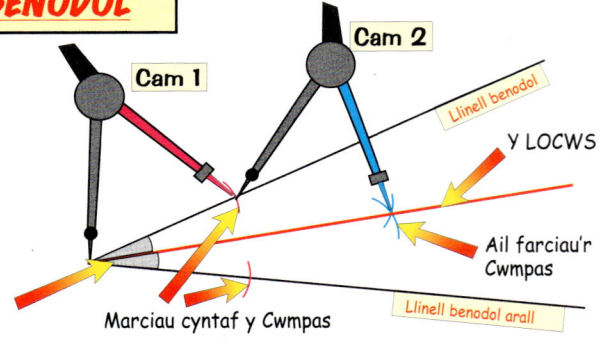

Y <u>LOCWS hwn</u> yw'r holl bwyntiau sydd yr <u>un pellter</u> o A a B.

Y tro hwn y locws yw <u>HANERYDD PERPENDICWLAR</u> y llinell sy'n cysylltu'r ddau bwynt.

ADRAN TRI — HWN A'R LLALL

Locysau a Lluniadau

Llunio onglau 60° manwl gywir

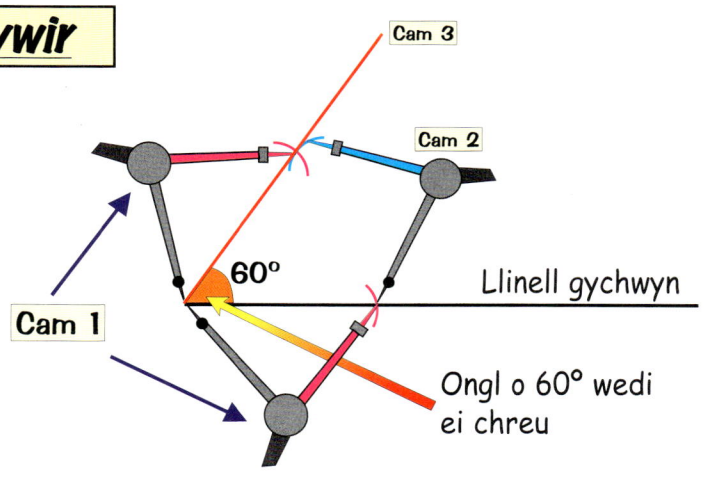

1) Mae'n ddigon posibl y byddwch yn cael cwestiwn yn yr arholiad lle gofynnir i chi lunio *ongl 60° yn fanwl gywir*.

2) Mae'r onglau hyn yn angenrheidiol wrth lunio *triongl hafalochrog*.

3) Gofalwch eich bod yn *dilyn y dull* a ddangosir yn y diagram hwn, a'ch bod yn gallu ei lunio yn *gyfan gwbl oddi ar eich cof*.

Llunio onglau 90° manwl gywir

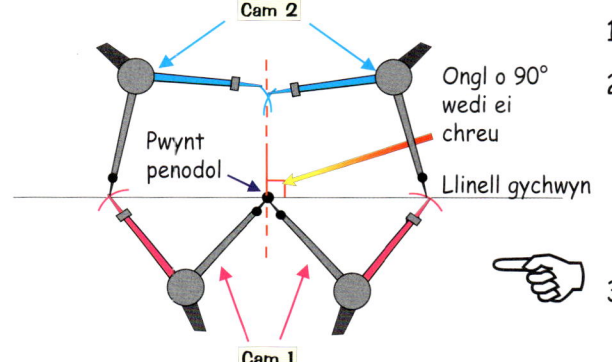

1) Gallent ofyn i chi lunio *ongl o 90° yn fanwl gywir*.

2) Ni fydd ongl wedi ei llunio "*â'r llygad*" yn unig neu â phren mesur yn dderbyniol. Os ydych eisiau ennill y marciau, mae'n rhaid i chi wneud hyn yn y *ffordd gywir* gan ddefnyddio *cwmpas*, fel yr ydym wedi ei ddangos i chi yn y diagram hwn.

3) Gofalwch eich bod yn gallu *dilyn y camau* a ddangosir yn y diagram hwn.

Llunio'r Perpendicwlar o Bwynt i Linell

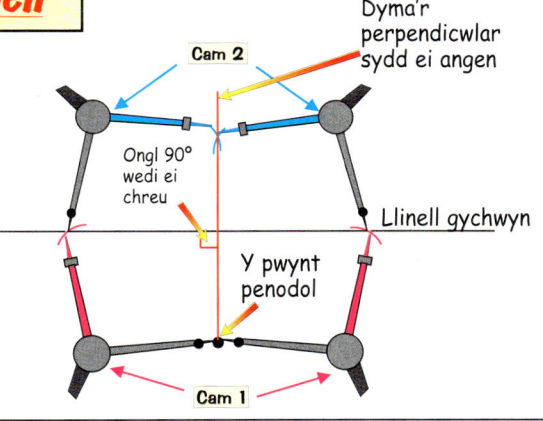

1) Mae hyn yn debyg i'r uchod ond *nid yw'n union yr un fath* — gofalwch eich bod yn gallu gwneud *y ddau*.

2) Unwaith eto, ni fydd gwneud y gwaith "*â'r llygad*" yn unig neu â phren mesur yn dderbyniol — mae'n rhaid i chi wneud hyn yn y *ffordd gywir* gan ddefnyddio *cwmpas*.

3) *Dysgwch* y diagram.

Y Prawf Hollbwysig: DYSGWCH BOPETH AR Y DDWY DUDALEN HYN

Nawr cuddiwch y ddwy dudalen hyn a lluniwch enghraifft o bob un o'r pedwar locws. Lluniwch hefyd driongl hafalochrog a sgwâr, gan ofalu bod onglau 60° a 90° y naill a'r llall yn fanwl gywir. Yna, tynnwch linell a gwnewch bwynt a lluniwch y perpendicwlar o'r pwynt at y llinell.

Adran Tri — Hwn A'r Llall

Cymarebau

Bydd CYMAREBAU yn llawer haws ar ôl i chi ddysgu'r canlynol:

Trin CYMAREBAU fel FFRACSIYNAU

Felly, byddech yn trin y GYMHAREB 3:4 fel y FFRACSIWN 3/4, sy'n 0.75 fel DEGOLYN.

Union ystyr ffurf ffracsiynol y gymhareb

Dyweder bod merched a bechgyn mewn dosbarth yn ôl y gymhareb 3 : 4.
Golyga hyn fod 3/4 cymaint o ferched nag o fechgyn.
Felly pe byddai 20 o fechgyn yn y dosbarth, byddai 3/4 × 20 = 15 o ferched.
Rhaid i chi fod yn ofalus — nid yw'n golygu fod 3/4 o aelodau'r dosbarth yn ferched.

Canslo Cymarebau i'w ffurf symlaf

Rydym yn canslo cymarebau yn union fel yr ydym yn canslo ffracsiynau i'w ffurf symlaf.
Yn achos y gymhareb 15 : 18, mae gan y ddau rif ffactor o 3, felly rhannwch nhw â 3 —
Mae hynny'n rhoi 5 : 6. Ni ellir canslo hyn ymhellach. Felly ffurf symlaf 15 : 18 yw 5 : 6.

Cofiwch eu trin yn union fel ffracsiynau — defnyddiwch eich cyfrifiannell os gallwch

Pan fyddwch yn bwydo ffracsiwn gan ddefnyddio'r botwm [a b/c], bydd eich cyfrifiannell yn ei ganslo yn awtomatig pan fyddwch yn pwyso [=].
Felly, yn achos y gymhareb 8 : 12, pwyswch 8 [a b/c] 12 [=], a byddwch yn cael y ffracsiwn wedi ei ganslo, sef 2/3.
Nawr, y cwbl sydd raid i chi ei wneud yw ei newid yn ôl i ffurf cymhareb, sef 2 : 3. Gwych.

Enghreifftiau Anoddach:

1) Dim ond rhifau cyfan fydd y botwm [a b/c] yn eu derbyn

Felly OS YW'R GYMHAREB YN ANODD (e.e. "2.4 : 3.6" neu "1¼ : 3½") yna bydd rhaid:
LLUOSI'R DDWY OCHR â'r UN RHIF nes bydd y ddwy yn RHIFAU CYFAN ac yna gallwch ddefnyddio'r botwm [a b/c] fel o'r blaen i symleiddio pethau.
e.e. mae lluosi dwy ochr y gymhareb "1¼ : 3½" â 4 yn rhoi "5 : 14" (Rhowch gynnig ar ddefnyddio [a b/c] ond ni fydd yn canslo ymhellach).

2) Os yw'r gymhareb yn UNEDAU CYMYSG

yna mae'n rhaid i chi DRAWSNEWID Y DDWY OCHR yn UNEDAU LLAI gan ddefnyddio'r FFACTOR TRAWSNEWID perthnasol (gweler T.10), ac yna ewch yn eich blaen yn y ffordd arferol. e.e. "24 mm : 7.2 cm" (Lluosi 7.2 cm â 10) ⇒ 24 mm : 72mm = 1 : 3 (gan ddefnyddio [a b/c])

3) Canslo cymhareb i'r ffurf 1 : n   (Gall n fod yn unrhyw rif)

RHANNWCH Y DDWY OCHR Â'R OCHR LEIAF.
e.e. "3 : 56" — mae rhannu'r ddwy ochr â 3 yn rhoi: 1 : 18.7 (56 ÷3) (h.y. 1 : n)
Yn aml 1 : n yw'r ffurf fwyaf defnyddiol, gan ei bod yn dangos y gymhareb yn glir iawn.

Cymarebau

Defnyddio'r Triongl Fformiwla mewn Cwestiynau Cymhareb

"*Mae morter yn cynnwys tywod a sment yn y gymhareb 7 : 2. Os defnyddir 9 bwcedaid o dywod, faint o sment sydd ei angen?*"

Mae hwn yn fath cyffredin o gwestiwn arholiad ac mae'n eithaf anodd i'r rhan fwyaf o ddisgyblion — ond unwaith y byddwch yn defnyddio'r dull triongl fformiwla daw pethau'n ddigon hawdd.

Dyma'r TRIONGL FFORMIWLA sylfaenol ar gyfer CYMAREBAU, ond SYLWCH:

1) MAE'N RHAID GOSOD Y GYMHAREB YN Y DREFN GYWIR, gyda'r RHIF CYNTAF YN Y GYMHAREB yn cyfeirio at yr hyn sydd AR BEN y triongl.
2) Bydd rhaid i chi DRAWSNEWID Y GYMHAREB bob amser yn FFRACSIWN CYWERTH neu Ddegolyn i gyfrifo'r ateb.

Triongl: A / (A:B × B)

Dangosir y triongl fformiwla ar gyfer y cwestiwn morter isod a'r gamp yw newid y GYMHAREB 7:2 â'r FFRACSIWN CYWERTH: 7/2 , neu 3.5 fel degolyn (7÷2)

Felly, *mae cuddio sment yn y triongl*, yn rhoi "sment = tywod / (7 : 2)" h.y. "9 / 3.5" = 9 ÷ 3.5 = 2.57 neu tua 2½ bwcedaid o sment.

Triongl: Tywod / (7:2 × Sm)

Rhannu Cyfrannol

Mewn *cwestiwn rhannu cyfrannol* mae angen *rhannu CYFANSWM yn ôl cymhareb benodol*.
Er enghraifft: "Rhannwch £9100 yn y gymhareb 2 : 4 : 7. Darganfyddwch y 3 swm".
Y gair allweddol yma yw RHANNAU. Canolbwyntiwch ar "rannau" a bydd popeth yn ddigon rhwydd:

Dull

1) ADIWCH Y RHANNAU:

    Mae'r gymhareb 2 : 4: 7 yn golygu y bydd cyfanswm o 13 rhan h.y. 2+4+7 = 13 RHAN

2) DARGANFYDDWCH Y SWM AR GYFER UN "RHAN"

    Rhannwch y cyfanswm â nifer y rhannau: £9100 ÷ 13 = £700 (= 1 RHAN)

3) DARGANFYDDWCH Y TRI SWM:

    2 ran = 2 × 700 = £1400,   4 rhan = 4 × 700 = £2800,   7 rhan = £4900

Y Prawf Hollbwysig: DYSGWCH y 6 RHEOL ar gyfer SYMLEIDDIO, y TRIONGL FFORMIWLA ar gyfer Cymarebau (yn ogystal â'r 2 bwynt), a'r 3 Cham ar gyfer RHANNU CYFRANNOL.

Nawr *cuddiwch y dudalen* ac *ysgrifennwch yr hyn yr ydych wedi ei ddysgu*. Rhowch gynnig arall arni *nes byddwch yn llyddo*.
1) Symleiddiwch: a) 25:35   b) 3.4 : 5.1   c) 2¼: 3¾
2) Mae uwd a hufen iâ yn cael eu cymysgu yn ôl y gymhareb 7:4. Faint o uwd a ddylai gael ei roi gyda 10 dysglaid o hufen iâ?   3) Rhannwch £8400 yn ôl y gymhareb 5 : 3 : 4.

ADRAN TRI — HWN A'R LLALL

Trionglau Fformiwla

Efallai y byddwch chi wedi gweld y rhain yn barod mewn Ffiseg. Maen nhw'n _ffordd hynod o effeithiol_ o ddatrys nifer o broblemau mathemategol eithaf cymhleth — felly sicrhewch eich bod yn gwybod sut i'w defnyddio.

Maen nhw'n _hawdd iawn i'w defnyddio_ ac yn _hawdd iawn i'w cofio_. Edrychwch ar y canlynol:

Os oes 3 pheth yn cael eu cysylltu â'i gilydd trwy fformiwla sy'n

edrych fel hyn: $A = B \times C$ neu fel hyn: $B = \dfrac{A}{C}$

yna gallwch eu gosod mewn TRIONGL FFORMIWLA fel hyn:

1) Yn gyntaf penderfynwch ar leoliad y llythrennau:

1) Os oes DWY LYTHYREN YN CAEL EU LLUOSI Â'I GILYDD yn y fformiwla, yna dylent gael eu gosod AR WAELOD y Triongl Fformiwla (ac felly rhaid i'r _llythyren arall_ fynd _ar y top_).

    Er enghraifft, mae'r fformiwla "$F = m \times a$" yn ymddangos fel hyn yn y triongl fformiwla →

2) Os oes UN PETH YN CAEL EI RANNU Â RHYWBETH ARALL yn y fformiwla yna mae'r hyn sydd ar RAN UCHAF Y RHANNU yn mynd AR DOP Y TRIONGL FFORMIWLA (ac felly rhaid i'r ddau arall fynd _ar y gwaelod_ — nid yw'r drefn yn bwysig).

    Er enghraifft, mae'r fformiwla "$SIN\theta = Cyf/Hyp$" yn ymddangos fel hyn yn y triongl fformiwla ↑.

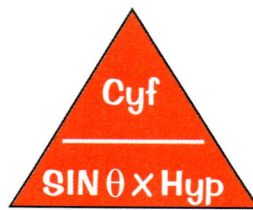

2) Defnyddio'r Triongl Fformiwla:

Unwaith y byddwch wedi deall y triongl fformiwla bydd gweddill y gwaith yn hawdd:

1) CUDDIWCH YR HYN RYDYCH CHI EISIAU EI DDARGANFOD ac YSGRIFENNWCH YR HYN SYDD AR ÔL.
2) YSGRIFENNWCH Y GWERTHOEDD ar gyfer y ddau beth arall a CHYFRIFWCH YR ATEB.

Enghraifft:

"Gan ddefnyddio "$F = m \times a$", darganfyddwch werth 'a' pan yw F = 20 ac m = 50"

ATEB: Gan ddefnyddio'r triongl fformiwla, mae angen darganfod "a" felly rydym yn cuddio "a". Mae hyn yn gadael "F/m" (h.y. F ÷ m).

Felly "a = F/m", ac o roi'r rhifau yn eu lle rydym yn cael: a = 20/50 = 0.4

Y Prawf Hollbwysig: DYSGWCH Y DUDALEN GYFAN yna cuddiwch hi ac ysgrifennwch yr holl fanylion pwysig yn cynnwys yr enghreifftiau.

ADRAN TRI — HWN A'R LLALL

Dwysedd a Buanedd

Efallai eich bod yn meddwl mai ffiseg yw hyn, ond mae dwysedd yn rhan benodol o'r maes llafur mathemateg, ac rydych yn debygol iawn o ddod ar ei draws yn yr Arholiad. Dyma'r ffromiwla safonol ar gyfer dwysedd:

Dwysedd = Màs ÷ Cyfaint

felly gallwn ei roi mewn TRIONGL FFORMIWLA fel hyn:

Mae'n RHAID i chi gofio'r ffromiwla hon ar gyfer dwysedd, gan na fyddwch yn ei chael yn yr Arholiad, a hebddi byddwch ar goll. Y dull gorau o ddigon yw cofio trefn y llythrennau yn y TRIONGL FFORMIWLA, sef D^MC.

ENGHRAIFFT: "Darganfyddwch gyfaint gwrthrych a chanddo fàs o 40 g a dwysedd o 6.4 g/cm^3"

ATEB: I ddarganfod cyfaint, cuddiwch C yn y triongl ffromiwla. Mae hyn yn gadael M/D, felly C = M ÷ D
= 40 ÷ 6.4
= 6.25 cm^3

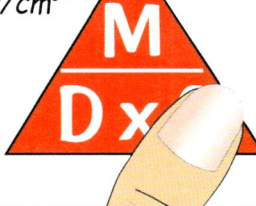

Buanedd = Pellter ÷ Amser

Mae hyn yn rhywbeth cyffredin iawn. Mewn gwirionedd mae'n debyg ei fod yn ymddangos yn yr arholiad bob blwyddyn — *ond fyddan nhw byth yn rhoi'r ffromiwla i chi!* Dysgwch hi ymlaen llaw — mae'n ffordd hawdd o ennill marciau. Ac i'ch helpu mae yna DRIONGL FFORMIWLA hawdd:

Wrth gwrs mae'n rhaid i chi ddal i gofio trefn y llythrennau yn y triongl (B^PA).

Cofiwch hwn ar gyfer cwestiynau ar fuanedd, pellter ac amser.

ENGHRAIFFT: "Mae car yn teithio 90 milltir ar fuanedd o 36 milltir yr awr. Faint o amser mae'r daith yn ei gymryd?"

ATEB: I ddarganfod yr AMSER, cuddiwch A yn y triongl sy'n gadael P/B,

felly A = P/B = Pellter ÷ buanedd = 90 ÷ 36 = 2.5 awr

DYSGWCH Y TRIONGL FFORMIWLA, A BYDD CWESTIYNAU BUANEDD, PELLTER AC AMSER YN HAWDD IAWN.

Y Prawf Hollbwysig:
DYSGWCH y ffromiwlâu ar gyfer DWYSEDD a BUANEDD — a hefyd y ddau Driongl ffromiwla.

1) Beth yw'r triongl ffromiwla ar gyfer Dwysedd?
2) Cyfaint gwrthrych metel yw 45 cm^3 a'i fàs yw 743 g. Beth yw ei ddwysedd?
3) Cyfaint darn arall o'r un metel yw 36.5 cm^3. Beth yw ei fàs?
4) Beth yw'r ffromiwla ar gyfer buanedd, pellter ac amser?
5) Darganfyddwch faint o amser mae'n ei gymryd i berson sy'n cerdded ar fuanedd o 3.2 km/a deithio 24 km. Darganfyddwch hefyd pa mor bell fydd y person hwn yn cerdded mewn 3 awr 30 munud.

ADRAN TRI — HWN A'R LLALL

Dau Awgrym Wrth Ddefnyddio Fformiwlâu

Manylion fel y rhain yw'r union bethau y dylech eu gwybod — DYSGWCH NHW NAWR!

1) Unedau — Gwneud yn Sicr eu bod yn Gywir

Mae <u>unedau</u> yn golygu pethau fel <u>cm, m m/s, km²</u>, ayyb ac fel rheol nid oes rhaid i chi boeni'n ormodol amdanynt. Wrth ddefnyddio TRIONGL FFORMIWLA fodd bynnag, mae un peth arbennig y dylech ei wybod. Mae'n ddigon syml <u>ond mae'n rhaid i chi ei wybod</u>:

Mae'r UNEDAU gewch chi O Fformiwla YN DIBYNNU'N LLWYR ar yr UNEDAU rydych yn eu RHOI I MEWN

Felly, er enghraifft, os ydych yn rhoi <u>pellter mewn CM</u> ac <u>amser mewn EILIADAU</u> yn y triongl fformiwla er mwyn darganfod buanedd, bydd yr ateb mewn <u>CM yr EILIAD</u> (cm/s).

Ar y llaw arall, os ydych yn rhoi'r <u>amser mewn ORIAU</u> a'r <u>buanedd mewn MILLTIROEDD YR AWR</u> (mya) yna bydd yr ateb ar gyfer y <u>pellter</u> yn amlwg mewn <u>MILLTIROEDD</u>.

Mae'n eithaf syml wrth i chi feddwl am y peth. Rhaid i chi fod yn ofalus iawn, fodd bynnag, gyda chwestiynau o'r math hwn:

Enghraifft:
"Mae bachgen yn cerdded 800 m mewn 10 munud. Darganfyddwch ei fuanedd mewn km/a."

<u>ATEB</u>: Os ydych yn cyfrifo "800 m ÷ 10 munud" bydd yr ateb yn sicr yn fuanedd, ond bydd mewn <u>metrau y funud</u> (m/mun).
Yn lle hynny, rhaid i chi <u>DRAWSNEWID YN KM AC ORIAU</u> i ddechrau:
800 m = <u>0.8 km</u>   10 munud = <u>0.1667 awr</u> (munudau ÷ 60).
Yna gallwch rannu 0.8 km â 0.1667 awr i gael <u>4.8 km/awr</u> sy'n gwneud llawer mwy o synnwyr.

2) Trawsnewid Amser yn Oriau, Munudau ac Eiliadau gyda [°'"]

Dyma fanylyn anodd sy'n dod i'r golwg pan fyddwch yn astudio buanedd, pellter ac amser: <u>trawsnewid</u> ateb megis <u>2.35 awr yn oriau a munudau</u>. Yn sicr <u>NID yw hyn yn golygu</u> 2 awr a 35 munud — cofiwch <u>nad</u> yw eich cyfrifiannell yn cyfrifo mewn oriau a munudau oni bai eich bod chi'n rhoi <u>cyfarwyddiadau iddo wneud hynny</u>. Gweler isod. Bydd angen i chi ymarfer defnyddio'r botwm hwn.

1) <u>MEWNBYNNU amser mewn oriau, munudau ac eiliadau</u>:
   E.e. 5 awr 34 munud a 23 eiliad, pwyswch 5 [°'"] 34 [°'"] 23 [°'"] = i gael [5°34°23]

2) <u>Trawsnewid oriau, munudau ac eiliadau i roi amser degol</u>:
   Mewnbynnwch y rhif mewn oriau, munudau ac eiliadau, gweler uchod.
   Yna pwyswch [°'"] a dylai ei newid yn ddegolyn fel hyn [5.573055556]
   (Er y bydd rhai cyfrifianellau hŷn yn trawsnewid amser yn awtomatig yn ddegolyn pan fyddwch yn ei fewnbynnu mewn oriau, munudau ac eiliadau.)

3) <u>Trawsnewid amser degol (sef yr hyn a gewch gan fformiwla bob tro) yn oriau, munudau ac eiliadau</u>:
   E.e. I fewnbynnu 2.35 awr yn oriau, munudau ac eiliadau.
   Pwyswch 2.35 [=] i fewnbynnu'r degolyn, yna pwyswch SHIFT [°'"].
   Dylai'r dangosydd roi [2°21°0], sy'n golygu <u>2 awr, 21 munud</u> (a 0 eiliad).

Y Prawf Hollbwysig:
DYSGWCH y ddau bwnc pwysig ar y dudalen hon, yna <u>cuddiwch y dudalen ac ysgrifennwch bopeth</u> rydych chi wedi ei ddysgu.

1) Darganfyddwch faint o amser mae'n ei gymryd, mewn oriau, munudau ac eiliadau, i deithio 9,785 m ar fuanedd o 6 km/a.

ADRAN TRI — HWN A'R LLALL

Crynodeb Adolygu Adran Tri

Dyma ni unwaith eto — mwy o gwestiynau gwych er mwyn i chi allu rhoi prawf ar eich hun. Cofiwch fod yn rhaid i chi ddal ati i ymarfer y cwestiynau hyn _drosodd a throsodd_ nes byddwch yn gallu ateb _pob un_ ohonynt. Dyna'r math gorau o adolygu gan mai'r prif syniad yw darganfod yr hyn _nad ydych_ yn ei wybod ac yna'i ddysgu nes byddwch _yn ei wybod_.

Daliwch ati i ddysgu'r ffeithiau sylfaenol hyn nes byddwch yn eu gwybod.

1) Rhestrwch dair ffaith bwysig ynglŷn â chyfeiriannau.
2) Nodwch y tri Gair Allweddol a ddefnyddir i ddarganfod neu i blotio cyfeiriant.
3) Beth yw fector? Rhowch y 4 prif enghraifft.
4) Beth yw'r 4 math o nodiant fector? Rhowch enghreifftiau.
5) Beth yw'r fformiwla ar gyfer Theorem Pythagoras?
6) Nodwch 3 cham y dull hawdd o ddefnyddio Theorem Pythagoras.
7) Beth yw trigonometreg? Rhowch enghraifft o gwestiwn trigonometrig nodweddiadol.
8) Rhestrwch y saith cam ar gyfer trigonometreg.
9) Sut mae penderfynu pa ochrau yw'r ochrau agos, cyferbyn a'r hypotenws?
10) Beth yw'r 'llythrennau' arbennig y dylech eu cofio wrth wneud trigonometreg?
11) Nodwch y 3 thriongl fformiwla.
12) Sut mae mewnbynnu SIN 45° i gyfrifiannell?
13) Pa fotwm ddylech chi ei bwyso i ddarganfod onglau?
14) Beth yw θ? Pa fath o siâp sydd ei angen ar gyfer trigonometreg?
15) Lluniwch ddiagram i ddangos onglau codi ac onglau gostwng.
16) Beth yw locws? Rhowch ddisgrifiad manwl o'r pedwar math y dylech wybod amdanynt. Lluniwch hefyd ongl 60° ac ongl 90° gan ddefnyddio'r dulliau priodol.
17) I ba ddau beth y gellir trawsnewid cymhareb?
18) Pa fotwm ar y cyfrifiannell allwch chi ei ddefnyddio wedyn i symleiddio cymarebau?
19) Beth yw'r triongl fformiwla ar gyfer cymarebau?
20) Beth yw'r 2 reol ar gyfer defnyddio'r Triongl Fformiwla hwn ar gyfer Cymarebau?
21) Beth yw tri cham y dull ar gyfer rhannu cyfrannol?
22) Beth yw'r ddau fath o fformiwla y gellir eu gosod mewn triongl fformiwla?
23) Rhowch y 2 reol y dylid eu defnyddio wrth wneud hynny.
24) Enwch y 2 gam ar gyfer defnyddio triongl fformiwla.
25) Rhowch y triongl fformiwla ar gyfer dwysedd.
26) Beth yw'r ffordd hawsaf o ddelio â buanedd, pellter ac amser?
27) Beth allwch chi ei ddweud ynglŷn â'r unedau sy'n dod o fformiwla?
28) Pa fotwm ar y cyfrifiannell sy'n trawsnewid rhwng "amser degol" ac "oriau, munudau ac eiliadau"?
29) Beth yn union sydd raid ei bwyso i fewnbynnu amser mewn oriau, munudau ac eiliadau?
30) Sut ydych chi'n trawsnewid hyn yn amser degol?
31) Sut mae trawsnewid i'r cyfeiriad arall?
32) Beth yw pwrpas eu trawsnewid beth bynnag?

ADRAN TRI — HWN A'R LLALL

Adran Pedwar — Ystadegaeth

Tebygolrwydd

Nid yw hwn yn faes poblogaidd iawn. Er bod y gwaith yn ymddangos yn anodd i'r rhan fwyaf o bobl nid yw mor ddrwg â hynny, ond MAE'N RHAID I CHI DDYSGU'R FFEITHIAU SYLFAENOL sydd ar y 2 dudalen hyn.

Mae pob Tebygolrwydd rhwng 0 ac 1

Mae tebygolrwydd o SERO yn golygu NA FYDD BYTH YN DIGWYDD.
Mae tebygolrwydd o UN yn golygu Y BYDD YN SICR O DDIGWYDD.

Mae'n amhosibl cael tebygolrwydd sy'n fwy nag 1

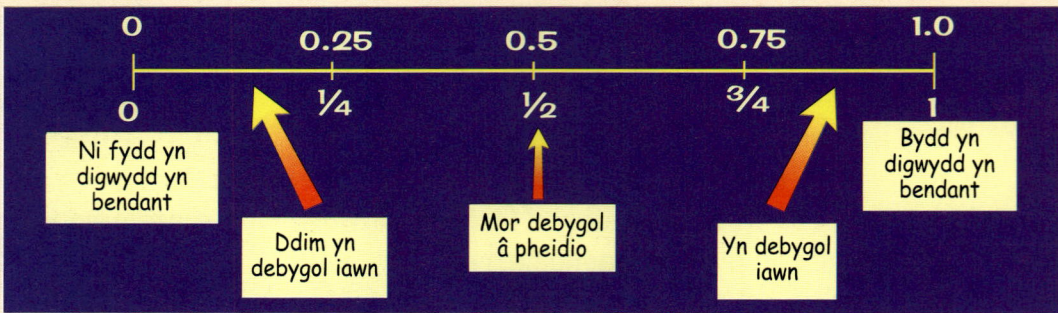

Dylech allu rhoi'r tebygolrwydd y bydd unrhyw ddigwyddiad yn digwydd ar y raddfa hon o 0 i 1.

Tri Manylyn Pwysig

1) DYLAI TEBYGOLRWYDD GAEL EI FYNEGI naill ai fel FFRACSIWN ($1/4$), neu fel DEGOLYN (0.25)

2) Y NODIANT: "P(x) = $1/2$". DYLAI HWN GAEL EI DDARLLEN FEL:
"Y tebygolrwydd y bydd digwyddiad X yn digwydd yw $1/2$"

3) MAE TEBYGOLRWYDDAU BOB AMSER YN ADIO I WNEUD 1. Mae hyn yn hanfodol ar gyfer darganfod beth yw tebygolrwydd y digwyddiadau eraill. E.e. Os yw P(llwyddo) = $1/4$, yna P(methu) = $3/4$

TRI MANYLYN YCHWANEGOL (ar gyfer cyfuniad o ddigwyddiadau, yn barod am y dudalen nesaf!):

1) DEFNYDDIWCH Y BOTWM FFRACSIWN [a b/c] AR EICH CYFRIFIANNELL bob tro y gallwch ar gyfer lluosi neu adio ffracsiynau.

2) Byddwch yn ofalus gyda'r geiriau "GAN DDYCHWELYD" a "HEB DDYCHWELYD" a sicrhewch eich bod yn gwybod pa wahaniaeth fydd hyn yn ei wneud.
   (Naill ai rydych yn dychwelyd y peth ar ôl y cynnig cyntaf, cyn rhoi ail gynnig neu rydych yn peidio â'i ddychwelyd – mae'r ail ddiagram coeden sydd ar y dudalen gyferbyn yn dangos yr hyn a all ddigwydd.)

3) Mae TEBYGOLRWYDD CYFUNOL y bydd DAU ddigwyddiad yn digwydd BOB AMSER YN LLAI na'r tebygolrwydd y bydd unrhyw un ohonynt yn digwydd ar ei ben ei hun.

Y Prawf Hollbwysig:
DYSGWCH y diagram a'r 6 PHWYNT PWYSIG sydd ar y dudalen hon. Yna cuddiwch y dudalen ac ysgrifennwch y cyfan.

1) Os yw P(dewis pêl las) yn $1/4$, beth yw gwerth P(peidio dewis pêl las)?

Tebygolrwydd – Diagramau Coeden

Diagram Coeden Cyffredinol

Mae Diagramau Coeden i gyd yn eithaf tebyg i'w gilydd, felly mae'n syniad da dysgu'r manylion sylfaenol hyn (sy'n gymwys ar gyfer POB diagram coeden) – er mwyn bod yn barod am y cwestiwn yn yr Arholiad.

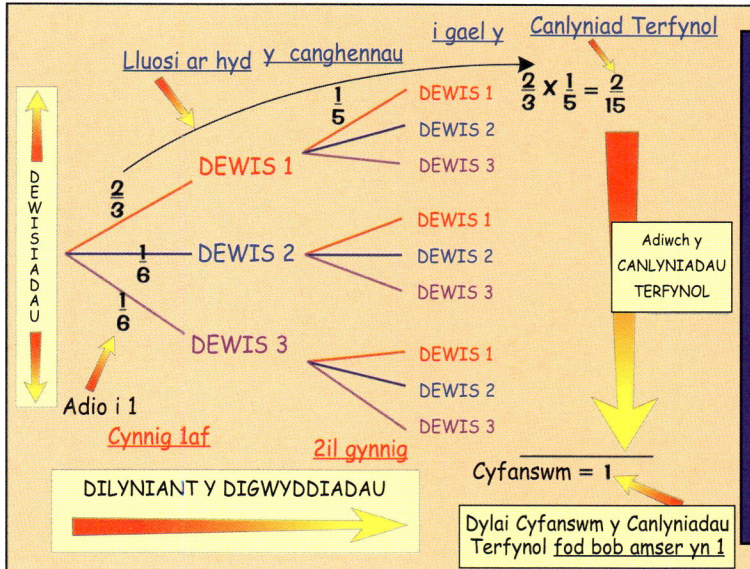

1) **LLUOSWCH AR HYD Y CANGHENNAU** bob amser (fel y dangosir) i gael y CANLYNIADAU TERFYNOL
2) *Ar unrhyw set o ganghennau sy'n cyfarfod mewn pwynt*, dylai'r rhifau bob amser **ADIO I 1**.
3) *Gwiriwch fod eich diagram yn gywir* drwy sicrhau bod y Canlyniadau Terfynol yn **ADIO I UN**.
4) *I ateb unrhyw gwestiwn*, ADIWCH BOB CANLYNIAD TERFYNOL PERTHNASOL (gweler isod).

Cwestiwn Tebygol ar Ddiagram Coeden

ENGHRAIFFT: "Mae bocs yn cynnwys 5 o ddisgiau coch a 3 o ddisgiau gwyrdd. Mae dau ddisg yn cael eu tynnu allan ond heb eu dychwelyd. Lluniwch ddiagram coeden a'i ddefnyddio i ddarganfod tebygolrwydd tynnu dau ddisg o'r un lliw."

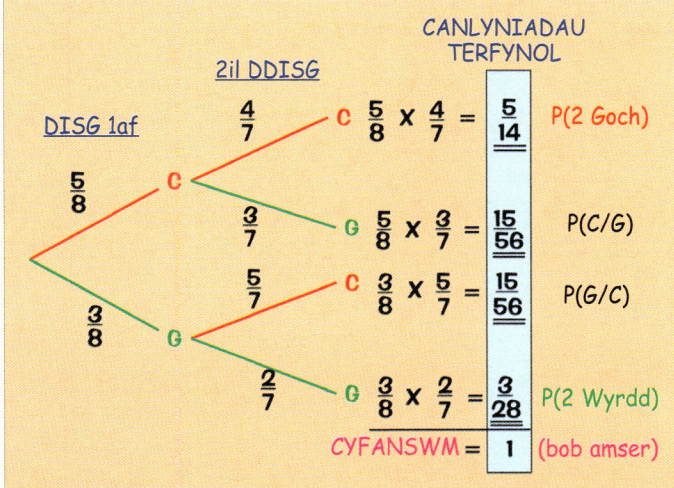

Ar ôl llunio'r diagram coeden, y cwbl sydd raid i chi ei wneud i gael ateb yw dewis y CANLYNIADAU TERFYNOL PERTHNASOL ac yna eu HADIO:

2 COCH (5/14)
2 GWYRDD (3/28)

$$\frac{5}{14} + \frac{3}{28} = \frac{13}{28}$$

Os gallwch, defnyddiwch gyfrifiannell i wneud hyn. Fel arall, defnyddiwch y rheolau ffracsiynau ar T.12.

Y Prawf Hollbwysig:
DYSGWCH Y DIAGRAM CYFFREDINOL ar gyfer Diagramau Coeden a'r 4 pwynt sy'n cyd-fynd â nhw.

1) Gadewch i ni weld faint ydych chi wedi ei ddysgu: CUDDIWCH Y DUDALEN AC YSGRIFENNWCH BOPETH A WYDDOCH AM DDIAGRAMAU COEDEN.
2) Mae bag yn cynnwys 6 tharantwla coch a 4 tarantwla du. Os yw dwy ferch yn tynnu un tarantwla yr un allan o'r bag ar hap, lluniwch ddiagram coeden i ddarganfod y tebygolrwydd y byddant yn cael rhai o wahanol liw.

Adran Pedwar — Ystadegaeth

Graffiau a Siartiau

Gofalwch eich bod yn gwybod yr holl fanylion hawdd hyn:

1) Graffiau Llinell neu "Bolygonau Amlder"

Nid yw graff llinell neu "bolygon amlder" yn ddim mwy na set o bwyntiau sydd wedi'u cysylltu â llinellau syth.

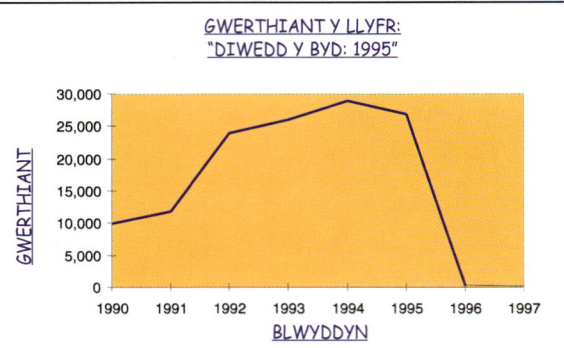

2) Siartiau Bar a Diagramau Amlder

Gofalwch eich bod yn gwybod pryd y dylai'r barrau gyffwrdd neu beidio â chyffwrdd:

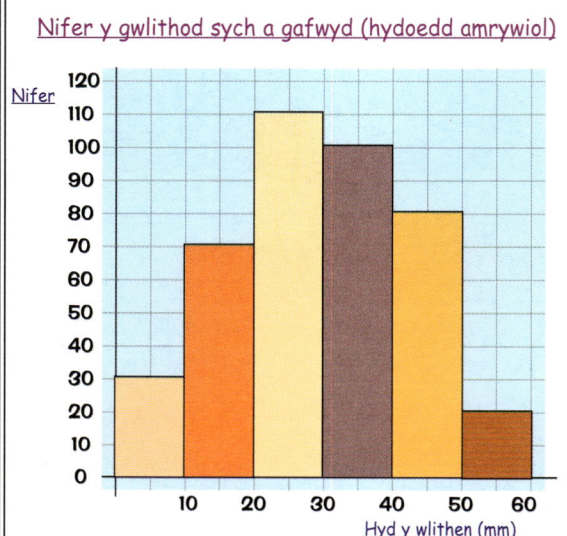

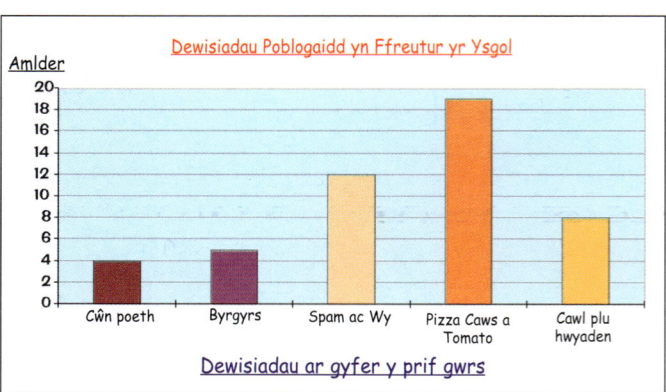

Mae'r siart bar hwn yn cymharu eitemau hollol wahanol felly mae'r barrau ar wahân.

Mae POB bar yn y diagram amlder hwn yn cynrychioli HYDOEDD ac mae'n rhaid i chi roi pob hyd posibl o fewn un bar neu'r nesaf felly gofalwch nad oes gofod rhyngddynt.

Mae GRAFF BAR LLINELL yn debyg iawn i siart bar, ond rydych yn llunio llinellau tenau yn hytrach na barrau.

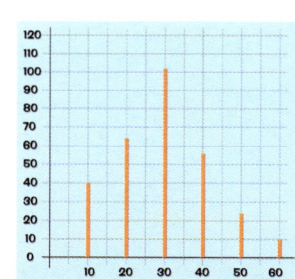

3) Graffiau Gwasgariad

1) GRAFF GWASGARIAD yw llawer o bwyntiau ar graff sy'n edrych fel tipyn o flerwch yn hytrach na llinell daclus neu gromlin.
2) Mae gair arbennig sy'n disgrifio maint y blerwch y mae'r pwyntiau yn ei arddangos, sef CYDBERTHYNIAD.
3) Mae Cydberthyniad Da (neu Gydberthyniad Cryf) yn golygu bod y pwyntiau yn tueddu i fod ar linell eithaf taclus, ac mae hynny'n golygu bod y ddau beth yn perthyn yn agos i'w gilydd.

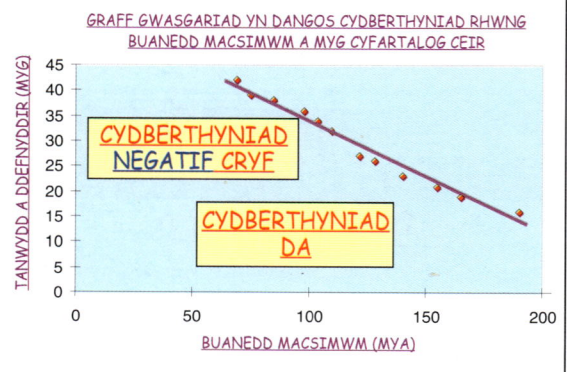

Adran Pedwar — Ystadegaeth

Graffiau a Siartiau

Graffiau Gwasgariad (parhad)

4) Mae *Cydberthyniad Gwael* (neu *Gydberthyniad Gwan*) yn golygu bod y pwyntiau _dros y lle_ i gyd ac felly _ychydig iawn o berthynas sydd rhwng y ddau beth_.

5) Os yw'r pwyntiau'n ffurfio llinell sy'n goleddu I FYNY o'r chwith i'r dde, yna mae CYDBERTHYNIAD POSITIF, sy'n golygu bod y _ddau beth yn cynyddu neu'n lleihau gyda'i gilydd_.

6) Os yw'r pwyntiau'n ffurfio llinell sy'n goleddu I LAWR o'r chwith i'r dde, yna mae CYDBERTHYNIAD NEGATIF, sy'n golygu bod _un peth yn cynyddu wrth i'r llall leihau_.

7) Felly, pan ydych yn disgrifio graff gwasgariad, mae'n rhaid i chi nodi'r ddau beth, h.y. a yw'n gydberthyniad _cryf/gwan/canolig_ ac a yw'n _bositif/negatif_.

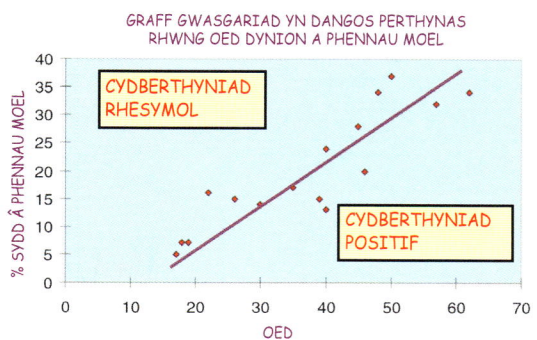
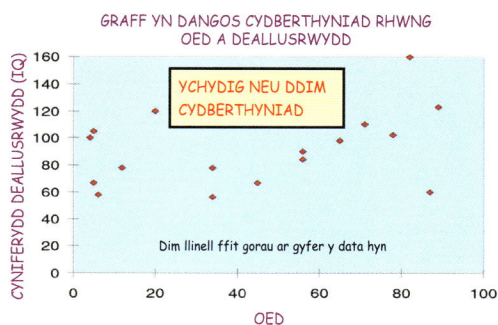

4) Siartiau Cylch

Dysgwch y Rheol Aur ar gyfer Siartiau Cylch:

CYFANSWM Popeth = 360°

Creadur	Pryf Pric	Bochdew	Mochyn Cwta	Cwningen	Hwyaden	Cyfanswm
Nifer	12	20	17	15	26	90

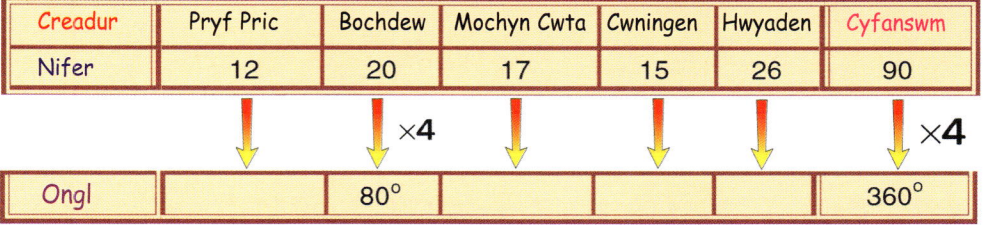

Ongl		80°				360°

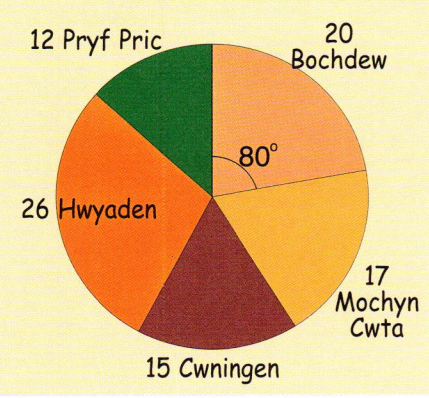

1) Adiwch y rhifau sydd ym mhob sector i gael y CYFANSWM (← 90 yma).

2) Yna chwiliwch am y LLUOSYDD (neu'r rhannydd) sydd ei angen i _newid eich cyfanswm yn 360°_:
Ar gyfer 90 → 360 fel yn yr enghraifft uchod, y LLUOSYDD yw 4.

3) Nawr LLUOSWCH BOB RHIF Â 4 i gael ongl pob sector.
E.e. yr ongl ar gyfer y Bochdew fydd 20 × 4 = 80°.

Y Prawf Hollbwysig: DYSGWCH ENWAU'R 4 math o SIART.

1) Cuddiwch y dudalen a lluniwch enghraifft o bob un o'r 4 siart.
2) Cyfrifwch yr onglau ar gyfer yr anifeiliaid eraill sydd yn y siart cylch uchod.
3) Os yw pwyntiau graff gwasgariad dros y lle i gyd, beth allwch chi ei ddweud am y ddau beth y mae'r graff gwasgariad yn eu cymharu?

Adran Pedwar — Ystadegaeth

Diagramau Coesyn a Deilen a Dosraniad

Mae Siapiau Dosraniadau yn Fesurau o "Wasgariad"

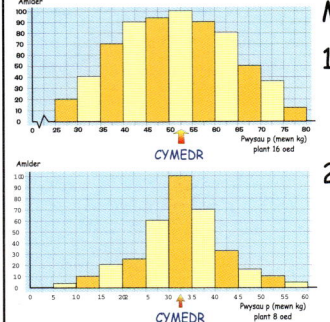

Mae'n rhaid i chi DDYSGU arwyddocâd siapiau'r ddau ddiagram amlder hyn:

1) Mae hwn yn dangos gwasgariad uchel, h.y. gwasgariad eang y canlyniadau o'r cymedr. (E.e. bydd pwysau sampl o blant 16 yn cynnwys amrediad eang iawn).

2) Mae'r ail yn dangos dosraniad llawer "mwy clòs" o ganlyniadau lle mae'r rhan fwyaf o werthoedd o fewn amrediad bychan o boptu'r cymedr.
(E.e. ychydig iawn o amrywiad fydd pwysau sampl o blant 8 oed yn ei ddangos.)
Cofiwch fod gwerth cymedrig diagram amlder fwy neu lai YN Y CANOL.

Mae diagramau Coesyn a Deilen yn defnyddio'r data ei hun

Mae diagram coesyn a deilen ychydig fel histogram, ond defnyddir y data ei hun i lunio'r diagram.

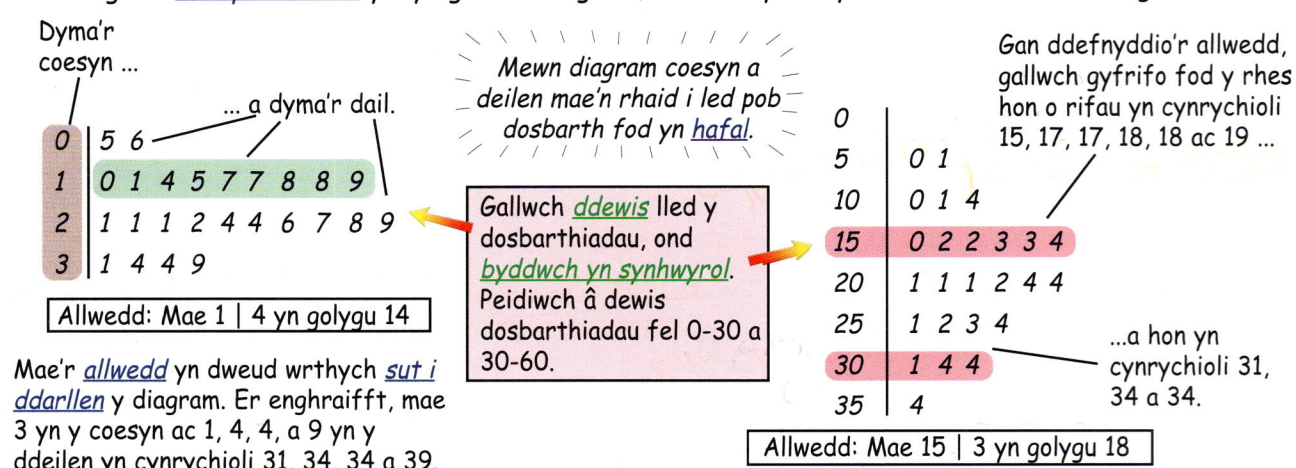

Mae'r allwedd yn dweud wrthych sut i ddarllen y diagram. Er enghraifft, mae 3 yn y coesyn ac 1, 4, 4, a 9 yn y ddeilen yn cynrychioli 31, 34, 34 a 39.

Po Fwyaf yw Maint y Sampl, Gorau yn y byd yw'r Amcangyfrif

Mae PEDWAR MATH GWAHANOL O SAMPLU: (nid oes raid i chi eu gwybod yn fanwl)

HAPSAMPLU – yma rydych yn dewis unigolion "ar hap".

SAMPLU SYSTEMATIG: dechreuwch trwy ddewis ar hap a dewis pob 10fed neu 100fed ar ôl hynny.

SAMPLU HAENEDIG: - defnyddir hwn pan fydd dewis o wahanol 'haenau' – dosbarthiadau/disgyblion: adrannau/gweithwyr, ayyb

SAMPLU CWOTA – yma mae'r sampl yn adlewyrchu'r holl boblogaeth – yr un gymhareb dynion:merched, oedolion:plant, ayyb

Pe byddech chi'n ailadrodd unrhyw un o'r arbrofion hyn, ar y cyfan byddech yn cael canlyniadau gwahanol bob tro. Hefyd...

AR GYFER UNRHYW DDULL SAMPLU, MWYAF YW MAINT Y SAMPL (H.Y. PO FWYAF O BOBL SY'N CAEL EU HOLI), GORAU YN Y BYD FYDD YR AMCANGYFRIF FYDDWCH CHI'N EI GAEL AR GYFER [PARAMEDRAU] Y BOBLOGAETH GYFAN.

Y Prawf Hollbwysig:
DYSGWCH beth yw ystyr diagram coesyn a deilen a sut i greu eich diagram eich hun o ddata, a chofiwch hyn.

1) Gwnaed arolwg i ymchwilio i oedran cyfartalog ceir Prydain drwy sefyll ar bont traffordd a nodi rhifau'r 200 car cyntaf. Rhowch reswm pam yr oedd hon yn dechneg samplu wael ac awgrymwch sut y byddai'n bosibl ei gwella.

Adran Pedwar — Ystadegaeth

Cymedr, Canolrif, Modd ac Amrediad

Os na lwyddwch i ddysgu'r 4 diffiniad sylfaenol hyn byddwch yn colli rhai o'r marciau hawsaf i'w hennill yn yr Arholiad.

1) MODD = MWYAF cyffredin
Modd = mwyaf cyffredin (sywch ar yr 'm' yn y ddau air)

2) CANOLRIF = gwerth CANOL
Canolrif = Canol (yr un gair yn union!)

3) CYMEDR = CYFANSWM yr eitemau ÷ NIFER yr eitemau
Yn anffodus, dim cymorth i gofio hwn.

4) AMREDIAD = Y gwahaniaeth rhwng y gwerth lleiaf a'r gwerth mwyaf

Y RHEOL AUR:

Dylai gwybod ystyr cymedr, canolrif, modd ac amrediad fod yn ffordd hawdd o ennill marciau ond mae hyd yn oed rhai sydd wedi gwneud ymdrech i'w dysgu yn llwyddo i golli marciau yn yr Arholiad oherwydd nad ydynt yn cymryd y cam hollbwysig hwn:

AILDREFNWCH y data bob amser yn ôl TREFN ESGYNNOL

(a gofalwch fod gennych yr un nifer o ddata ag o'r blaen!)

Enghraifft: "Darganfyddwch gymedr, canolrif, modd ac amrediad y rhifau hyn:"

2, 5, 3, 2, 6, -4, 0, 9, -3, 1, 6, 3, -2, 3   (14)

1) YN GYNTAF... aildrefnwch nhw: -4, -3, -2, 0, 1, 2, 2, 3, 3, 3, 5, 6, 6, 9   (✓14)

2) CYMEDR = $\frac{\text{cyfanswm}}{\text{nifer}}$ = $\frac{-4 - 3 - 2 + 0 + 1 + 2 + 2 + 3 + 3 + 3 + 5 + 6 + 6 + 9}{14}$

= 31 ÷ 14 = 2.21

3) CANOLRIF = y gwerth canol (dim ond pan fyddant wedi eu trefnu yn ôl maint).

Pan fo dau RIF CANOL, fel yn yr achos hwn, mae'r canolrif HANNER FFORDD RHWNG Y DDAU RIF CANOL

-4, -3, -2, 0, 1, 2, 2, 3, 3, 3, 5, 6, 6, 9
← saith rhif yr ochr hon ↑ saith rhif yr ochr hon →
Canolrif = 2.5

4) MODD = y gwerth mwyaf cyffredin, sef 3. (Neu gallwn ddweud fod y "gwerth moddol yn 3.")

5) AMREDIAD = y pellter o'r gwerth lleiaf i'r gwerth mwyaf, h.y. o -4 hyd at 9, = 13

Y Prawf Hollbwysig: DYSGWCH y Pedwar Diffiniad a'r RHEOL AUR …

… yna cuddiwch y dudalen ac ysgrifennwch nhw oddi ar eich cof.

1) Defnyddiwch bopeth ydych chi wedi ei ddysgu i ddarganfod cymedr, canolrif, modd ac amrediad y set hon o ddata   1, 3, 14, -5, 6, -12, 18, 7, 23, 10, -5, -14, 0, 25, 8

Adran Pedwar — Ystadegaeth

Tablau Amlder

Gellir llunio Tablau Amlder naill ai mewn *rhesi* neu mewn *colofnau* o rifau, a gallant for yn eithaf dyrys, *oni bai eich bod yn dysgu'r enghraifft hawdd hon*:

Enghraifft

Dyma dabl amlder nodweddiadol wedi ei lunio ar **FFURF RHES** yn ogystal ag ar **FFURF COLOFN**:

Ffurf Rhes

Nifer y chwiorydd	0	1	2	3	4	5	6
Amlder	7	15	12	8	3	1	0

Ffurf Colofn

Nifer y chwiorydd	Amlder
0	7
1	15
2	12
3	8
4	3
5	1
6	0

Nid oes gwahaniaeth gwirioneddol rhwng y ddwy ffurf hyn, a gallech gael y naill neu'r llall yn yr Arholiad. Pa fath bynnag gewch chi, cofiwch y **TAIR FFAITH BWYSIG HYN**:

1) Mae'r **RHES** (neu'r golofn) **GYNTAF** yn rhoi **LABELI GRWPIAU** ar gyfer y *gwahanol gategoriau*: h.y. "dim un chwaer", "un chwaer", "dwy chwaer", ayyb
2) **YR AIL RES** (neu golofn) yw'r **DATA "GO IAWN"** ac mae'n rhoi **NIFER (y bobl) SYDD** ym mhob categori, h.y. roedd gan 7 o bobl "*ddim un chwaer*", roedd gan 15 o bobl "*un chwaer*", ayyb
3) **OND DYLECH SYLWEDDOLI NAD YW'R TABL YN GYFLAWN**, gan fod angen **TRYDEDD RES** (neu golofn) a **DAU GYFANSWM** ar gyfer yr *ail a'r drydedd res*, fel y dangosir isod:

Dyma sut y mae tabl (ar ffurf rhes) yn edrych ar ôl ei gwblhau:

Nifer y chwiorydd	0	1	2	3	4	5	6	Cyfanswm
Amlder	7	15	12	8	3	1	0	46
Nifer × Amlder	0	15	24	24	12	5	0	80

(Pobl a holwyd)
(Chwiorydd)

"**O ble daw'r drydedd res?**" ...meddech chi.

RYDYCH YN CAEL Y **DRYDEDD RES** (neu golofn) **BOB AMSER** drwy **LUOSI rhifau'r DDWY RES** (neu'r ddwy golofn) **GYNTAF**.

Y DRYDEDD RES = RHES 1AF × 2IL RES

Unwaith y bydd y tabl wedi ei gwblhau mae'n hawdd darganfod y CYMEDR, Y CANOLRIF, Y MODD A'R AMREDIAD (gweler T.61) a dyma'r pethau y gofynnir amdanynt fel arfer yn yr Arholiad:

Cymedr, Canolrif, Modd ac Amrediad:

Mae hyn yn ddigon hawdd *os byddwch yn ei ddysgu*. Fel arall byddwch yn boddi mewn môr o rifau.

1) **CYMEDR** = $\frac{\text{Cyfanswm y 3edd res}}{\text{Cyfanswm yr 2il res}}$ = $\frac{80}{46}$ = **1.74** (Chwaer y person)

2) **CANOLRIF**: — dychmygwch fod y data gwreiddiol wedi eu gosod **MEWN TREFN ESGYNNOL**:

0000000 111111111111111 222222222222 33333333 444 5
↑

ac mae'r canolrif yn y canol rhwng y 23ain digid a'r 24ain digid. Felly **CANOLRIF** y data hyn yw **2**. (Ar ôl dysgu gwneud hyn gallwch ddarganfod safle'r gwerth canol yn syth o'r tabl.)

3) **Y MODD** - mae hwn yn hawdd iawn - dyma'r **GRŴP Â'R AMLDER MWYAF**: h.y. **1**

4) **YR AMREDIAD** yw 5 − 0 = **5**   Mae'r rhes gyntaf yn dweud bod yna bobl nad oes ganddynt "ddim un chwaer" hyd at rai a chanddynt "bump o chwiorydd" (ond dim 6 o chwiorydd). (Rhowch hwn bob amser fel *rhif unigol*)

Y Prawf Hollbwysig:

DYSGWCH y **3 FFAITH BWYSIG** ar gyfer Tablau Amlder, a sut y mae darganfod y **CYMEDR, Y CANOLRIF, Y MODD a'r AMREDIAD**.

Gan ddefnyddio'r dulliau yr ydych newydd eu dysgu a'r tabl amlder hwn, darganfyddwch **GYMEDR, CANOLRIF, MODD** ac **AMREDIAD** nifer y teleffonau sydd gan bobl.

Nifer y teleffonau	0	1	2	3	4	5	6
Amlder	1	25	53	34	22	5	1

Adran Pedwar — Ystadegaeth

Tablau Amlder Grŵp

Mae'r rhain ychydig yn fwy anodd na thablau amlder syml, ond gallant ymddangos yn dwyllodrus o syml, fel yr un canlynol sy'n dangos dosraniad pwysau 60 o blant ysgol.

Pwysau (kg)	31 — 40	41 — 50	51 — 60	61 — 70	71 — 80
Amlder	8	16	18	12	6

Ffiniau Dosbarth a Gwerthoedd Canol Cyfwng

Y ddau hyn sy'n gwneud tablau amlder grŵp mor anodd.

1) Y FFINIAU DOSBARTH yw'r union werthoedd lle rydych yn symud o un grŵp i'r nesaf. Yn y tabl uchod y ffiniau dosbarth yw 40.5, 50.5, 60.5 ayyb. Nid yw'n anodd cyfrifo ym mhle y bydd y ffiniau dosbarth os ydych yn deall y syniad – maen nhw bron bob amser yn "rhywbeth.5" – am resymau amlwg.

2) Mae'r GWERTHOEDD CANOL CYFWNG yn eithaf amlwg; ac fel arfer yn "rhywbeth.5 hefyd". Er hynny, byddwch yn ofalus eich bod yn cael yr union ganol!

"Amcangyfrif" y Cymedr drwy ddefnyddio Gwerthoedd Canol Cyfwng

Yn union fel tablau amlder cyffredin rhaid i chi ychwanegu rhesi eraill a darganfod cyfansymiau i gyfrifo unrhyw beth. Cofiwch hefyd mai dim ond "amcangyfrif" y cymedr sy'n bosibl gyda thablau data grŵp – ni allwch ei ddarganfod yn union os nad ydych yn gwybod yr holl werthoedd gwreiddiol.

> 1) Ychwanegwch 3edd res a rhowch WERTHOEDD CANOL CYFWNG ar gyfer pob grŵp.
> 2) Ychwanegwch 4edd res a lluoswch AMLDER X GWERTH CANOL CYFWNG ar gyfer pob grŵp.

Pwysau (kg)	31 — 40	41 — 50	51 — 60	61 — 70	71 — 80	CYFANSWM
Amlder	8	16	18	12	6	60
Gwerth Canol Cyfwng	35.5	45.5	55.5	65.5	75.5	—
Amlder x Gwerth Canol Cyfwng	284	728	999	786	453	3250

1) Gellir AMCANGYFRIF Y CYMEDR trwy RANNU'R CYFANSYMIAU:

$$\text{Cymedr} = \frac{\text{Cyfanswm Terfynol (Rhes Olaf)}}{\text{Cyfanswm yr Amlder (2il Res)}} = \frac{3250}{60} = \underline{54.2}$$

2) Mae'r MODD yn hawdd: y grŵp moddol yw 51 – 60 kg (yr un â'r amlder mwyaf)
3) Ni ellir darganfod y CANOLRIF yn union, ond o leiaf gellir dweud ym mha grŵp y mae. Pe byddai'r data i gyd yn cael eu rhestru mewn trefn, byddai'r 30ain cofnod a'r 31ain cofnod yn y grŵp 51 - 60 kg.

Y Prawf Hollbwysig:

DYSGWCH yr holl fanylion sydd ar y dudalen hon. Cuddiwch y dudalen ac ysgrifennwch bopeth ydych chi wedi ei ddysgu.

1) Amcangyfrifwch y cymedr o'r tabl hwn:
2) Nodwch hefyd beth yw'r grŵp moddol a rhowch frasamcan o werth y canolrif.

Hyd (cm)	15.5 —	16.5 —	17.5 —	18.5 — 19.5
Amlder	12	18	23	8

Adran Pedwar — Ystadegaeth

Tablau Amlder Cronnus

Fel arfer byddwch yn cael tabl ar ei hanner a gofynnir i chi ei gwblhau fel tabl amlder cronnus. Golyga hyn ychwanegu trydedd res a'i llenwi (fel y gwelir yn yr enghraifft isod). Gofalwch eich bod yn gwybod y rhain:

PEDWAR PWYNT ALLWEDDOL

1) Mae AMLDER CRONNUS yn golygu ADIO WRTH FYND YMLAEN. Felly mae pob cofnod sydd mewn tabl amlder cronnus yn golygu'r "CYFANSWM HYD YMA".

2) Rhaid i chi YCHWANEGU TRYDEDD RES at y tabl
   — hon yw CYFANSWM CYFREDOL yr 2il res.

3) Os byddwch yn plotio graff, rhaid i chi blotio'r pwyntiau gan ddefnyddio'r GWERTH MWYAF ym mhob grŵp (rhes 1) gyda'r gwerth o res 3. (h.y. plotiwch ar y ffiniau dosbarth) h.y. yn yr enghraifft isod, plotiwch 13 ar 160.5, 33 ar 170.5, ayyb

4) Mae AMLDER CRONNUS bob amser yn cael ei blotio i fyny ochr graff, nid ar draws.

Enghraifft

"Cwblhewch y tabl isod i roi amlder cronnus:"

Uchder (cm)	141 – 150	151 – 160	161 – 170	171 – 180	181 – 190	191 – 200	201 – 210
Amlder	4	9	20	33	36	15	3

ATEB: Ychwanegwch y drydedd res lle bydd pob cofnod yn rhes 3 (amlder cronnus) yn golygu "CYFANSWM Y RHIFAU AMLDER (sydd yn rhes 2) HYD YMA".

Uchder (cm)	141 – 150	151 – 160	161 – 170	171 – 180	181 – 190	191 – 200	201 – 210
Amlder	4	9	20	33	36	15	3
Amlder cronnus	4 (YN 150.5)	13 (YN 160.5)	33 (YN 170.5)	66 (YN 180.5)	102 (YN 190.5)	117 (YN 200.5)	120 (YN 210.5)

Mae'r graff yn cael ei blotio trwy ddefnyddio'r parau hyn: (150.5, 4) (160.5, 13) (170.5, 33) (180.5, 66), ayyb oherwydd bod yr amlder cronnus wedi cyrraedd y gwerthoedd hynny (4, 13, 33, ayyb) erbyn PEN UCHAF pob grŵp, nid yng nghanol pob grŵp, a 150.5 yw'r gwir FFIN DOSBARTH rhwng y grŵp cyntaf a'r nesaf – manylyn anodd.

Y Prawf Hollbwysig:

DYSGWCH Y 4 Pwynt Allweddol, yna cuddiwch y dudalen ac ysgrifennwch y rhain.

1) Cwblhewch y tabl a ddangosir yma i ddangos amlder cronnus.

Pwysau (kg)	41 – 45	46 – 50	51 – 55	56 – 60	61 – 65	66 – 70	71 – 75
Amlder	2	7	17	25	19	8	2

Adran Pedwar — Ystadegaeth

Cromlin Amlder Cronnus

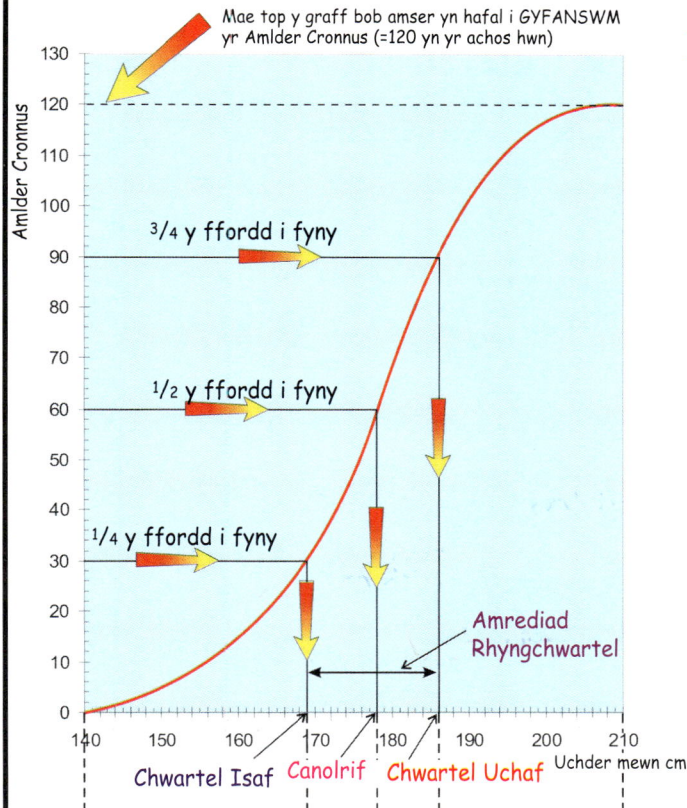

Mae'r <u>gromlin amlder cronnus</u> yn rhoi <u>TRI YSTADEGYN HANFODOL</u>:

1) **CANOLRIF**
   <u>Yn union hanner ffordd i FYNY</u>, yna ar draws, ac yna i lawr, a <u>darllenwch y raddfa ar y gwaelod</u>.
2) **CHWARTELAU ISAF AC UCHAF**
   <u>Yn union $1/4$ a $3/4$ i FYNY'r ochr</u>, yna ar draws, ac yna i lawr, a <u>darllenwch y raddfa ar y gwaelod</u>.
3) **YR AMREDIAD RHYNGCHWARTEL**
   Dyma'r pellter <u>ar y raddfa ar y gwaelod</u>, rhwng y chwartel isaf a'r chwartel uchaf.

Felly, o'r gromlin amlder cronnus uchod mae'n bosibl darganfod y canlynol yn hawdd:

CANOLRIF = <u>178 cm</u>
CHWARTEL ISAF = <u>169 cm</u>
CHWARTEL UCHAF = <u>186 cm</u>
AMREDIAD RHYNGCHWARTEL = <u>17 cm</u> (186 – 169)

Mae Plot Bocs yn dangos yr Amrediad Rhyngchwartel fel Bocs

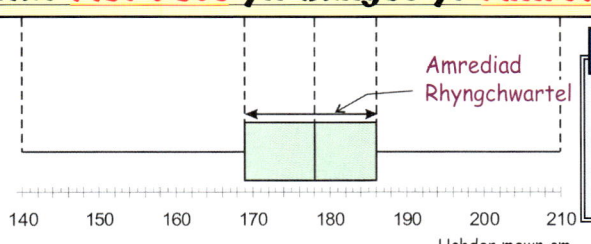

CREU EICH PLOT BOCS EICH HUN:

1) <u>Lluniwch y raddfa</u> ar hyd y gwaelod.
2) <u>Lluniwch focs</u> o'r un hyd â'r <u>amrediad rhyngchwartel</u>.
3) <u>Tynnwch linell</u> i lawr y bocs i ddangos y <u>canolrif</u>.
4) <u>Lluniwch "wisgers"</u> i fyny hyd at y <u>macsimwm a'r minimwm</u>.

(Weithiau gelwir y rhain yn "Ddiagramau Bocs a Wisgers".)

Dehongli'r siâp

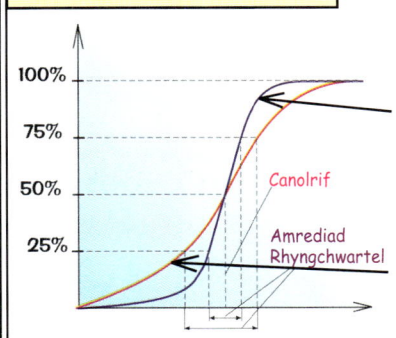

Mae siâp CROMLIN AMLDER CRONNUS hefyd yn dweud wrthych <u>pa mor wasgaredig</u> yw'r gwerthoedd data.

Mae'r dosraniad 'clòs' hwn (lle mae'r amrediad rhyngchwartel yn fychan) yn cynrychioli canlyniadau CYSON iawn, sydd fel arfer yn beth da - e.e. <u>mae hydoedd oes batrïau neu fylbiau golau</u> sy'n agos iawn at ei gilydd yn golygu <u>cynnyrch da</u>, o'i gymharu â'r gromlin arall lle mae <u>amrywiad mawr</u> rhwng yr hydoedd oes, h.y. cynnyrch o safon isel.

Y Prawf Hollbwysig:

<u>DYSGWCH Y DUDALEN HON</u>, yna <u>cuddiwch hi ac ysgrifennwch yr holl fanylion pwysig</u>.

1) Gan ddefnyddio eich tabl amlder gorffenedig o'r dudalen flaenorol, lluniwch graff amlder cronnus a phlot bocs a'u defnyddio i ddarganfod y tri ystadegyn hanfodol.

Adran Pedwar — Ystadegaeth

Cyfres Amser

Cyfres Amser – Mesur yr un Peth dros Gyfnod o Amser

Byddwch yn cael cyfres amser os byddwch yn mesur yr un peth ar nifer o wahanol adegau.

ENGHRAIFFT

Mae mesur y tymheredd yn eich tŷ gwydr am hanner dydd bob dydd yn rhoi cyfres amser i chi. Enghreifftiau eraill posibl yw ffigurau elw, ffigurau troseddu neu lawiad.

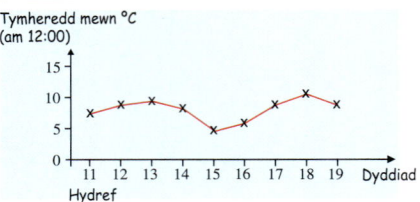

MAE'R MYNEGAI PRIS MANWERTHU (RPI) YN GYFRES AMSER: Bob mis mae prisiau llawer o eitemau (yr un rhai bob mis) – yn cael eu cyfuno i gael rhif indecs a elwir yn RPI, sydd yn fath o gyfartaledd. Wrth i nwyddau ddod yn ddrutach, mae'r rhif indecs hwn yn mynd yn uwch ac yn uwch. Felly pan fyddwch yn gweld ar y teledu fod chwyddiant y mis hwn yn 2.5%, ystyr hyn mewn gwirionedd yw bod yr RPI yn cynyddu yn ôl cyfradd flynyddol o 2.5%.

Tymoroldeb – Yr Un Patrwm Sylfaenol

Dyma pryd y bydd patrwm pendant yn EI AILADRODD EI HUN bob hyn a hyn. Yr enw ar hyn yw TYMOROLDEB a gelwir yr "hyn a hyn" yn GYFNOD.

Er mwyn darganfod y CYFNOD, mesurwch o FRIG I FRIG (neu o gafn i gafn).

Mae gan y gyfres hon *gyfnod o 12 mis*. Mae ambell i anghysondeb, felly nid yw'r patrwm yn union yr un ateb bob 12 mis, ond mae'n weddol gywir.

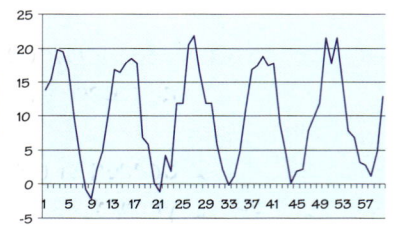

Tuedd – Anwybyddu'r Mân Grwydradau

Mae llawer o hapamrywiadau yn y gyfres amser hon ond mae *tuedd* bendant ar i fyny.

Y llinell binc yw'r llinell duedd.
Mae hi'n syth, felly mae hon yn duedd *linol*.

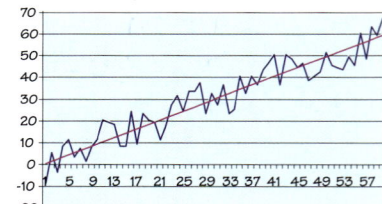

Cyfartaledd Newidiol – Cael gwared â'r Tymoroldeb

Mae'n haws gweld tuedd os gallwch gael gwared â'r tymoroldeb a rhai o'r anghysondebau. Un ffordd o lyfnhau'r gyfres yw trwy ddefnyddio *cyfartaledd newidiol*.

Dyma gyfres amser sy'n bendant yn edrych yn gyfnodol – ond mae'n anodd dweud a oes tuedd.

Y cyfnod yw 12, felly rydych yn defnyddio 12 gwerth ar gyfer y cyfartaledd newidiol:

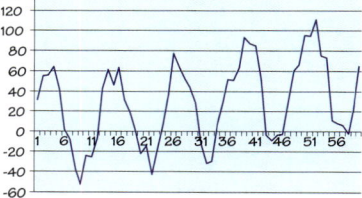

... ond plotiwch y cyfartaledd newidiol (yn binc wrth gwrs – mae hyn yn bwysig tu hwnt)...

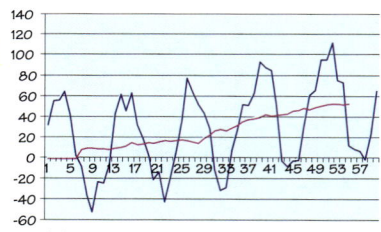

...a gallwch weld y *duedd ar i fyny* yn hawdd.

SUT Y MAE DARGANFOD CYFARTALEDD NEWIDIOL:

Darganfyddwch gyfartaledd y 12 gwerth hyn...

mis	1	2	3	4	5	6	7	8	9	10	11	12	13	14	...
tymheredd	38.00	42.30	59.00	32.30	25.00	2.00	-5.00	-51.30	-35.00	-45.30	-22.00	1.00	49.00	62.30	...

...yna cyfartaledd y rhain,
... yna cyfartaledd y rhain, ac yn y blaen.

Y Prawf Hollbwysig:

DYSGWCH y geiriau CYFRES AMSER, TYMOROLDEB, CYFNOD, TUEDD, CYFARTALEDD NEWIDIOL. Cuddiwch y dudalen ac ysgrifennwch ddisgrifiad o bob un.

1) Yn fy nhref i mae'r glawiad yn cael ei fesur bob mis am 20 mlynedd ac yn cael ei graffio. Mae patrwm bras, sy'n ei ailadrodd ei hun bob 4 mis. a) Beth yw cyfnod y gyfres amser hon? b) Disgrifiwch sut y mae cyfrifo cyfartaledd newidiol.

Adran Pedwar — Ystadegaeth

Crynodeb Adolygu Adran Pedwar

Dyma'r dudalen ddifyr. Y rhestr anochel o gwestiynau amlwg i brofi faint ydych chi'n ei wybod mewn gwirionedd. Cofiwch bydd y cwestiynau hyn yn dangos yn union yn gynt na dim arall, beth ydych yn ei _wybod_ a beth _nad ydych_ yn ei wybod. A chofiwch, dyna'n union beth yw pwrpas adolygu: <u>darganfod yr hyn NAD ydych yn ei wybod</u> ac yna ei ddysgu nes byddwch yn ei wybod.

Daliwch ati i ddysgu'r ffeithiau sylfaenol hyn nes byddwch yn eu gwybod.

1) Beth yw gwerthoedd mwyaf a lleiaf tebygolrwydd?
2) Tynnwch linell i gynrychioli pob math o debygolrwydd gan ddefnyddio geiriau i'w disgrifio.
3) Pa ddau fath o rifau a ellir eu defnyddio i gynrychioli tebygolrwyddau?
4) Sut y dylid darllen $P(x) = 1/2$?
5) Beth ddylai cyfanswm tebygolrwydd fod bob amser?
6) Pa fotwm ar y cyfrifiannell sy'n hynod o ddefnyddiol wrth ateb cwestiynau tebygolrwydd?
7) Beth yw arwyddocâd llawn "gan ddychwelyd" neu "heb ddychwelyd"?
8) Beth yw tebygolrwyddau cyfunol?
9) Beth allwch chi ei ddweud am y tebygolrwydd cyfunol y bydd 2 ddigwyddiad yn digwydd?
10) Lluniwch ddiagram coeden cyffredinol sy'n arddangos holl nodweddion diagram coeden.
11) Rhowch enwau'r pedwar math gwahanol o siart ar gyfer arddangos data.
12) Lluniwch 2 enghraifft o bob math o siart.
13) Pryd ddylai barrau siart amlder gyffwrdd a pheidio â chyffwrdd?
14) Beth yw ystyr cydberthyniad? Lluniwch graffiau yn dangos y 3 math gwahanol.
15) Beth yw'r 3 cham ar gyfer darganfod onglau mewn siart cylch?
16) Gwnewch fraslun o'r ddau wasgariad eithaf ar gyfer histogramau, ac eglurwch arwyddocâd pob un.
17) Dyma ganlyniadau arolwg i ddarganfod faint o deganau meddal sydd gan bob aelod mewn dosbarth o 30 o blant cynradd. Lluniwch ddiagram coesyn a deilen o'r canlyniadau, gan ddefnyddio lled dosbarth o 5: 1, 9, 13, 20, 21, 29, 17, 13, 3, 32, 25, 27, 44, 31, 19, 7, 37, 24, 21, 43, 11, 23, 35, 27, 33, 17, 24, 26, 15, 22.
18) Rhowch y diffiniadau ar gyfer cymedr, canolrif, modd ac amrediad.
19) Beth yw'r Rheol Aur wrth ddelio â chymedr, canolrif, ayyb?
20) Sut y mae darganfod y cymedr a'r canolrif o dabl amlder?
21) Sut y mae darganfod y modd a'r amrediad o dabl amlder?
22) Beth yw'r gwahaniaeth rhwng Tablau Amlder a Thablau Amlder _Grŵp_?
23) Pa ddau beth sy'n gwneud Tablau Amlder Grŵp mor anodd?
24) Sut y mae amcangyfrif y cymedr o dabl amlder grŵp?
25) Nodwch y pedwar pwynt allweddol ar gyfer amlder cronnus.
26) A oes angen meddwl am _ffiniau dosbarth_ wrth blotio cromlin amlder cronnus o dabl gwerthoedd? Pam?
27) Gwnewch fraslun o graff amlder cronnus nodweddiadol.
28) Pa 3 ystadegyn hanfodol y gallwch eu darganfod o graff amlder cronnus?
29) Eglurwch yn union sut i'w cael, a dangoswch hyn ar eich graff.
30) Pryd y byddech chi'n defnyddio plot bocs? Dangoswch hyn ar eich graff.
31) Sut ydych chi'n penderfynu ym mhle mae hanner ffordd i fyny'r graff?
32) NID yw un o'r canlynol yn gyfres amser, Pa un?
    a) mesur y tymheredd mewn 20 gwlad wahanol am hanner dydd, GMT,
    b) mesur y tymheredd ym Mhrydain am hanner dydd bob dydd am 100 o ddyddiau,
    c) y Mynegai Pris Manwerthu.
33) Sut allwch chi ddarganfod a oes gan gyfres amser dymhorol duedd gyffredinol?

Adran Pedwar — Ystadegaeth

Adran Pump — Graffiau

Cyfesurynnau X, Y a Z

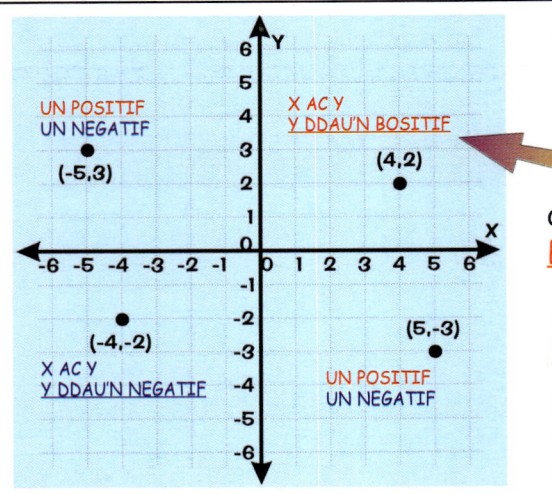

Mae gan graff bedwar rhanbarth gwahanol lle mae'r cyfesurynnau X ac Y un ai'n bositif neu'n negatif.

Hwn yw'r rhanbarth hawsaf o ddigon oherwydd yma mae'r CYFESURYNNAU I GYD YN BOSITIF.

Mae'n rhaid i chi fod yn ofalus tu hwnt yn y RHANBARTHAU ERAILL fodd bynnag, oherwydd gallai'r cyfesurynnau X ac Y fod yn negatif, ac mae hynny bob amser yn gwneud bywyd yn llawer mwy anodd.

Cyfesurynnau X, Y — cael y drefn gywir

Rhaid i chi roi CYFESURYNNAU bob amser mewn cromfachau fel hyn: (x, y)

$$(x, y)$$

Ac mae'n rhaid i chi fod yn ofalus iawn bob amser i'w cael yn y drefn gywir, X yn gyntaf, yna Y. Dyma DRI PHWYNT i'ch helpu i gofio:

1) Mae'r ddau gyfesuryn bob amser YN NHREFN YR WYDDOR, X ac yna Y.

2) Yr echelin sy'n mynd AR DRAWS y dudalen bob amser yw X.

3) Cofiwch eich bod bob amser yn mynd I MEWN I'R TŶ (→) ac yna I FYNY'R GRISIAU (↑), felly ewch AR DRAWS yn gyntaf ac yna I FYNY, h.y. cyfesuryn X yn gyntaf, yna cyfesuryn Y.

Mae cyfesurynnau Z ar gyfer gofod 3D

1) Y cwbl y mae cyfesurynnau z yn ei wneud yw estyn y cyfesurynnau x ac y cyffredin i drydydd cyfeiriad, sef z, fel bo gan bob lleoliad 3 chyfesuryn: (x, y, z)

2) Golyga hyn eich bod yn gallu ysgrifennu cyfesurynnau corneli bocs neu unrhyw SIÂP 3 DIMENSIWN arall.

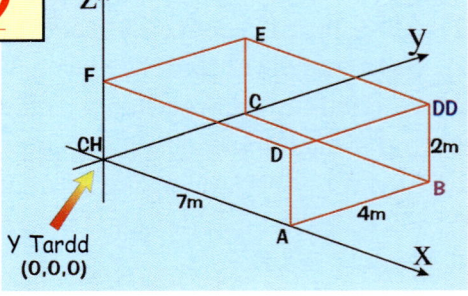

Er enghraifft, yn y llun hwn, cyfesurynnau B ac DD yw B(7,4,0) DD(7,4,2)

Y Prawf Hollbwysig:

COFIWCH Y CANLYNOL:
3 CYFESURYN = GWAGLE 3 DIMENSIWN
2 GYFESURYN = GWAGLE 2 DDIMENSIWN

DYSGWCH y 3 Rheol ar gyfer cael X ac Y yn y drefn gywir. Yna cuddiwch y dudalen ac ysgrifennwch y cyfan.

1) Ysgrifennwch gyfesurynnau'r llythrennau A hyd at H ar y graff hwn:

Graffiau Hawdd y Dylech eu Gwybod

Os ydych am wneud bywyd yn hawdd i chi'ch hun, yna yn sicr dylech ddysgu ychydig o graffiau syml yn iawn. Dyma nhw:

1) "X = a"
Llinellau FERTIGOL

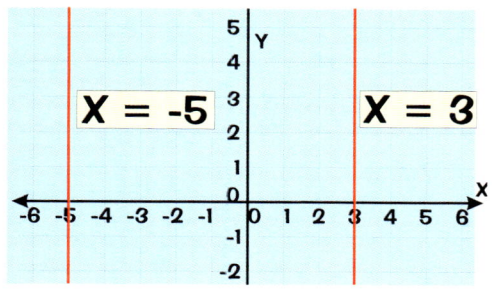

"X = rhif" – llinell sy'n mynd yn syth i fyny drwy'r rhif hwnnw ar yr echelin X., e.e. mae X = 3 yn mynd yn syth i fyny drwy 3 ar yr echelin X fel y dangosir.
Cofiwch: echelin y yw'r llinell "x = 0".

2) "Y = a"
Llinellau LLORWEDD

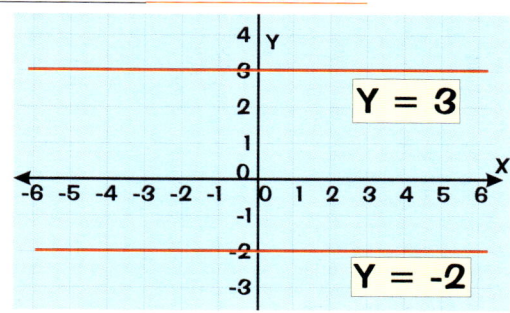

"Y = rhif" – llinell sy'n mynd yn syth ar draws drwy'r rhif hwnnw ar yr echelin Y, e.e. Y = -2 yw'r llinell sy'n mynd yn syth drwy -2 ar yr echelin Y fel y dangosir.
Cofiwch: echelin x yw'r llinell "y = 0".

3) "Y = X" ac "Y = -X"
(Y Prif Groesliniau)

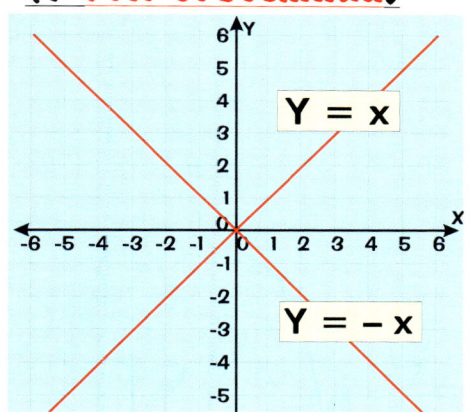

"Y = X" yw'r brif groeslin sy'n mynd TUAG I FYNY o'r chwith i'r dde.

"Y = -X" yw'r brif groeslin sy'n mynd TUAG I LAWR o'r chwith i'r dde.

4) "Y = AX" ac "Y = -AX"
(Llinellau eraill sy'n goleddu)

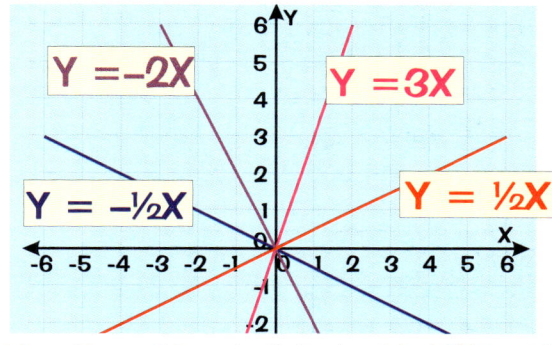

Y = AX ac Y = -AX yw hafaliadau LLINELL SY'N GOLEDDU TRWY'R TARDD.

Gwerth A yw GRADDIANT y llinell, felly po FWYAF y rhif, MWYAF y goledd, ac mae ARWYDD MINWS yn dweud bod y goledd TUAG I LAWR fel y dangosir uchod.

Y Prawf Hollbwysig:
DYSGWCH y PEDWAR MATH HAWDD O GRAFF, yna trowch y dudalen ac YSGRIFENNWCH BOPETH gan roi enghreifftiau.

Yna cuddiwch y dudalen a gwnewch y rhain:
1) Ysgrifennwch hafaliadau'r pedwar graff a ddangosir yma:
2) Lluniwch y 6 graff hyn: X = 3, Y = -4, Y = X, Y = -X, Y = 0, Y = -½X.

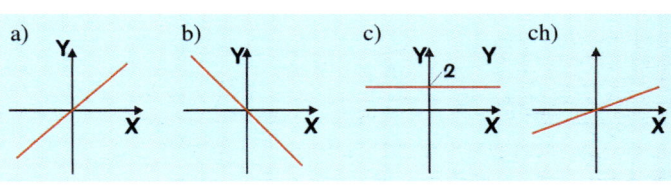

ADRAN PUMP — GRAFFIAU

Pedwar Graff y Dylech eu Hadnabod

Mae pedwar math o graff y dylech wybod beth yw eu siâp dim ond wrth edrych ar eu hafaliadau – mae hyn yn eithaf hawdd.

1) Graffiau Llinell Syth: "Y = mx + c"

Mae'n ddigon hawdd adnabod hafaliadau llinell syth – mae ganddynt <u>derm x</u>, <u>term y</u> a <u>rhif</u>, a dyna'r cwbl. Nid oes termau x^2 neu x^3 neu $1/x$ na dim byd cymhleth arall.

<u>DDIM yn llinellau syth</u>	<u>Llinellau syth</u>		<u>Wedi eu haildrefnu yn "y = mx + c"</u>	
$y = x^3 + 3$	$y = 2 + 3x$	→	$y = 3x + 2$	(m=3, c=2)
$2y - 1/x = 7$	$2y - 4x = 7$	→	$y = 2x + 3\frac{1}{2}$	(m=2, c=3½)
$1/y + 1/x = 2$	$x - y = 0$	→	$y = x + 0$	(m=1, c=0)
$x^2 = 4 - y$	$4x - 3 = 5y$	→	$y = 0.8x - 0.6$	(m=0.8, c=0.6)
$xy + 3 = 0$	$3y + 3x = 12$	→	$y = -x + 4$	(m=-1, c=4)

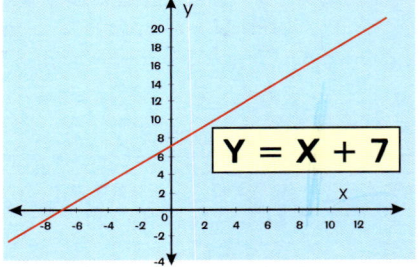

Y = X + 7

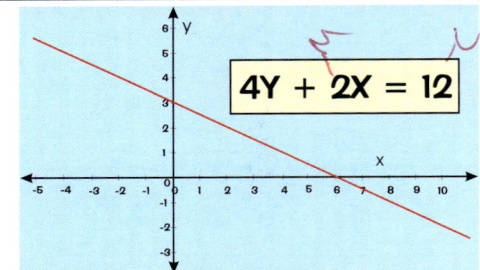

4Y + 2X = 12

2) Siapiau Bwced X²:

<u>Y = unrhyw beth sy'n cynnwys X^2, ond nid X^3</u>
Sylwch fod gan bob un o'r graffiau hyn <u>yr un siâp bwced CYMESUR</u>.

Sylwch hefyd, os yw'r rhan X^2 yn bositif (h.y. $+X^2$) yna mae'r bwced yn sefyll â'i waelod i lawr yn y ffordd arferol, ond os oes "minws" o flaen y rhan X^2 (h.y. $-X^2$) yna mae'r bwced <u>â'i ben i lawr</u>.

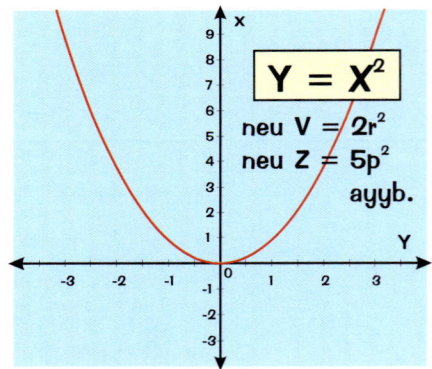

$Y = X^2$
neu $V = 2r^2$
neu $Z = 5p^2$
ayyb.

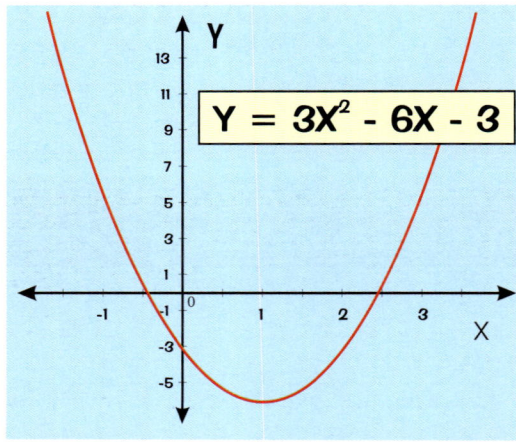

$Y = 3X^2 - 6X - 3$

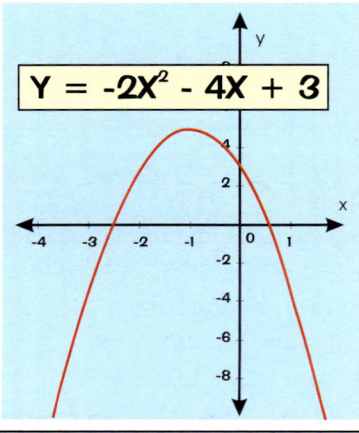

$Y = -2X^2 - 4X + 3$

Pedwar Graff y Dylech eu Hadnabod

3) Graffiau X^3:

$Y =$ "rhywbeth yn cynnwys X^3"

Mae pob graff X^3 yn cynnwys yr un _tro dwbl_ sylfaenol yn y canol, ond gall fod yn dro dwbl fflat neu'n dro dwbl mwy sylweddol.

Sylwch fod "_graffiau $-X^3$_" bob amser yn dod _i lawr o'r top ar y chwith_ tra bo graffiau _$+X^3$_ yn mynd _i fyny o'r gwaelod ar y chwith_.

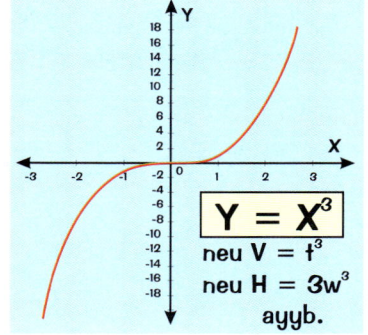

$Y = X^3$
neu $V = t^3$
neu $H = 3w^3$
ayyb.

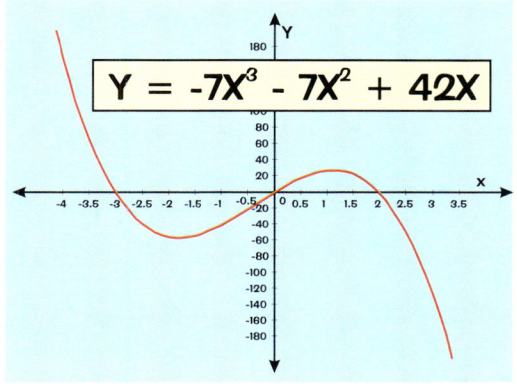

$Y = -7X^3 - 7X^2 + 42X$

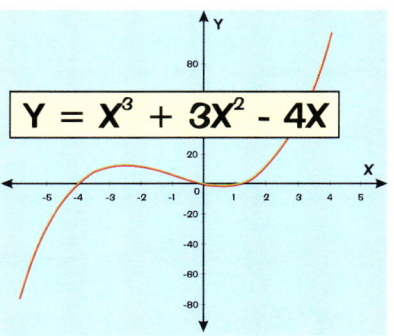

$Y = X^3 + 3X^2 - 4X$

4) GRAFFIAU $1/X$:

$Y = A/X$, lle mae A yn rhif.

Mae'r graffiau hyn i _gyd yn UNION yr un siâp_. Yr unig wahaniaeth yw pa mor agos at y gornel yr ânt. Maen nhw i gyd _yn gymesur o boptu'r llinell $y = x$_. Dyma'r graff a gewch hefyd pan fydd x ac y mewn _cyfrannedd wrthdro_.

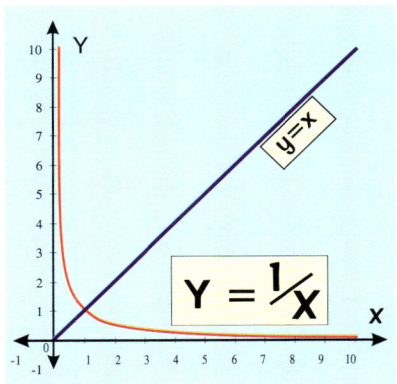

$Y = 1/X$

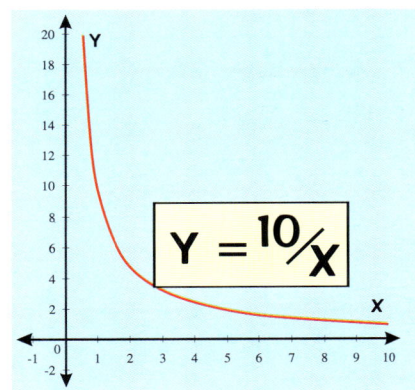

$Y = 10/X$

Y Prawf Hollbwysig:

DYSGWCH yr holl fanylion ynglŷn â'r **4 Math o Graff**, eu hafaliadau a'u siapiau.

Yna _cuddiwch y dudalen_ a _gwnewch frasluniau o dair enghraifft_ o bob un o'r _pedwar math_ o graff, ac os gallwch roi manylion ychwanegol am eu hafaliadau, _gorau oll_.

Cofiwch, os nad ydych yn _DYSGU HYN_, yna does dim pwrpas darllen y gwaith hyd yn oed. Mae hyn yn wir am bob gwaith adolygu.

Darganfod Graddiant Llinell

Mae cyfrifo graddiant llinell syth yn waith eithaf anodd a gall amryw o bethau fynd o chwith.

Unwaith eto, fodd bynnag, os byddwch yn dysgu ac yn dilyn y camau isod a'u trin fel DULL PENODOL, cewch lawer mwy o lwyddiant nag arfer.

Dull Penodol o Ddarganfod Graddiant

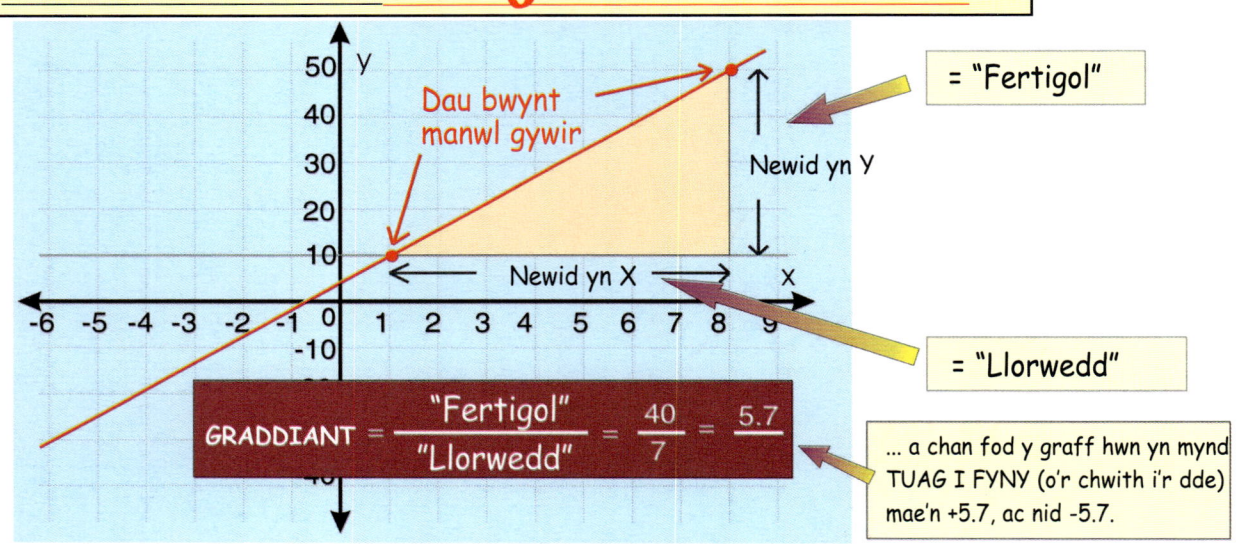

1) Darganfyddwch DDAU BWYNT MANWL GYWIR, sy'n eithaf pell oddi wrth ei gilydd

Y ddau yn y pedrant uchaf ar y dde os yn bosibl, (i gadw'r holl rifau'n bositif a thrwy hynny leihau'r posibilrwydd o gyfeiliornadau).

2) CWBLHEWCH Y TRIONGL fel y dangosir.

3) Darganfyddwch y NEWID YN Y a'r NEWID YN X

Sicrhewch eich bod yn gwneud hyn gan ddefnyddio'r GRADDFEYDD ar yr echelinau Y ac X, nid trwy gyfrif centimetrau! (Felly yn yr enghraifft uchod, NID 4 cm yw hyn, ond 40 uned ar echelin Y.)

4) DYSGWCH y fformiwla hon a defnyddiwch hi:

$$\text{GRADDIANT} = \frac{\text{FERTIGOL}}{\text{LLORWEDD}}$$

Gofalwch eich bod yn gosod y rhain yn y drefn gywir hefyd!

5) Yn olaf, penderfynwch a yw'r graddiant yn BOSITIF ynteu'n NEGATIF?

Os yw'n goleddu TUAG I FYNY, chwith → de (⁄) yna mae'n bositif
Os yw'n goleddu TUAG I LAWR, chwith → de (⁄) yna mae'n negatif (felly rhowch (-) o'i flaen)

Y Prawf Hollbwysig: DYSGWCH y PUM CAM ar gyfer darganfod graddiant, yna cuddiwch y dudalen ac YSGRIFENNWCH NHW oddi ar eich cof.

1) Plotiwch y 3 phwynt hyn ar graff: (0,3) (2,0) (5, -4.5) ac yna cysylltwch nhw â llinell syth. Wedyn, defnyddiwch y PUM CAM yn ofalus i ddarganfod graddiant y llinell.

Plotio Graffiau Llinell Syth

Mae hafaliadau llinell syth yn weddol hawdd i'w hadnabod. Maen nhw'n cynnwys <u>dwy lythyren</u> yn unig ac <u>ychydig o rifau</u>, ond <u>dim byd anodd</u> fel llythrennau wedi eu sgwario neu wedi eu ciwbio. (Gweler enghreifftiau ar T.70)

Fodd bynnag, yn yr Arholiad disgwylir i chi lunio graff hafaliad llinell syth. "y = mx +c" yw'r ffordd anodd o wneud hyn (gweler T.74). Dyma'r <u>FFORDD HAWDD</u> o wneud y gwaith:

Dull y "Tabl Tri Gwerth"

Gallwch lunio graff <u>UNRHYW HAFALIAD</u> HEB DRAFFERTH drwy ddefnyddio'r dull <u>HAWDD</u> HWN.

Dull:
1) Dewiswch 3 o <u>WERTHOEDD X</u> a <u>lluniwch dabl</u>,
2) <u>CYFRIFWCH WERTH Y</u> ar gyfer pob gwerth X.
3) <u>PLOTIWCH Y CYFESURYNNAU</u>, a <u>THYNNWCH Y LLINELL</u>.

Os yw'n <u>hafaliad llinell syth</u>, yna bydd y 3 phwynt yn ffurfio <u>llinell hollol syth</u>. Dyma'r ffordd arferol o wirio'r llinell ar ôl ei lunio.
<u>Os nad ydynt yn rhoi llinell syth</u>, yna efallai mai <u>cromlin</u> sydd yma a bydd rhaid i chi roi <u>mwy o werthoedd yn eich tabl</u> i weld beth sy'n digwydd.

Enghraifft: "Lluniwch graff Y = 2X – 3."

1) LLUNIWCH DABL gan ddefnyddio rhai gwerthoedd addas ar gyfer X. Mae dewis X = 0, 2, 4 fel arfer yn ddigon da.
   h.y.

X	0	2	4
Y			

2) DARGANFYDDWCH WERTHOEDD Y drwy roi pob gwerth x yn yr hafaliad:

   e.e. Pan yw X = 4,
   y = 2X – 3
   = 2×4 – 3
   = 8 – 3   = 5

X	0	2	4
Y	-3	1	5

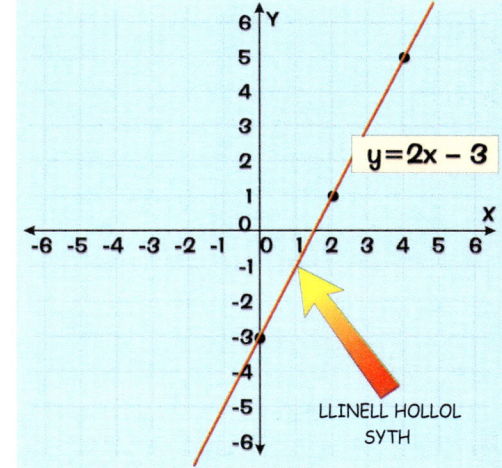

LLINELL HOLLOL SYTH

3) <u>PLOTIWCH Y PWYNTIAU</u> a <u>THYNNWCH Y LLINELL</u> yn syth ar draws y papur (fel y dangosir). (Dylai'r pwyntiau bob amser ffurfio <u>LLINELL HOLLOL SYTH</u>. Os nad ydynt, rhowch fwy o werthoedd yn y tabl i ddarganfod beth sy'n digwydd.)

Y Prawf Hollbwysig:
DYSGWCH fanylion y <u>dull hawdd</u> hwn, yna <u>cuddiwch y dudalen ac ysgrifennwch bopeth</u>.

1) Lluniwch graffiau'r canlynol: a) y = 4 + x   b) y = 3x + 2   c) y = 6 –2x

Graffiau Llinell Syth: "y = mx + c"

Defnyddio y = mx + c

y = mx + c yw'r hafaliad cyffredinol ar gyfer graff llinell syth, a bydd angen i chi gofio:

"m" yw GRADDIANT y graff
"c" yw'r gwerth LLE MAE'N CROESI'R ECHELIN Y a'r enw arno yw'r RHYNGDORIAD.

1) Llunio Llinell Syth gan ddefnyddio "y = mx + c"

Y prif beth yw gallu adnabod "m" ac "c" a gwybod beth i'w wneud â nhw:
OND BYDDWCH YN OFALUS – mae'n ddigon hawdd cymysgu rhwng "m" ac "c", yn enwedig yn y ffurf "y = 5 + 2x", dyweder. COFIWCH mai'r rhif O FLAEN X yw "m" ac mai "c" yw'r rhif sydd AR EI BEN EI HUN.

Dull
1) Ysgrifennwch yr hafaliad yn y ffurf "y = mx + c."
2) NODWCH YN OFALUS beth yw "m" ac "c"
3) RHOWCH SMOTYN AR YR ECHELIN Y lle mae gwerth c.
4) Yna ewch YMLAEN UN UNED ac i fyny neu i lawr yn ôl gwerth m a rhoi smotyn arall.
5) Ailadroddwch yr un "cam" i'r ddau gyfeiriad fel sy'n cael ei ddangos:
6) Yn olaf GWIRIWCH fod y graddiant yn EDRYCH YN IAWN.

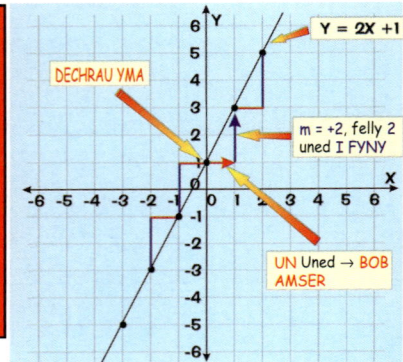

Mae'r graff yn dangos y broses ar gyfer yr hafaliad "y = 2x + 1":
1) "c" = 1, felly rhowch smotyn cyntaf yn y = 1 ar yr echelin y.
2) Ewch 1 uned ymlaen → ac yna i fyny 2 oherwydd bod "m" = + 2.
3) Dilynwch yr un cam eto, 1→2↑ i'r ddau gyfeiriad. (h.y. 1 ← 2 ↓ y ffordd arall)
4) GWIRIWCH: dylai graddiant o +2 fod yn eithaf serth tuag i fyny o'r chwith i'r dde – ac felly y mae.

2) Darganfod Hafaliad Graff Llinell Syth

MAE HYN YN HAWDD:
1) Darganfyddwch ym mhle mae'r graff YN CROESI'R ECHELIN Y. Dyma werth "c".
2) Darganfyddwch werth y GRADDIANT (gweler T.72.) Dyma werth "m"
3) Rhowch y gwerthoedd hyn ar gyfer "m" ac "c" yn "y = mx + c" – a dyna ni!

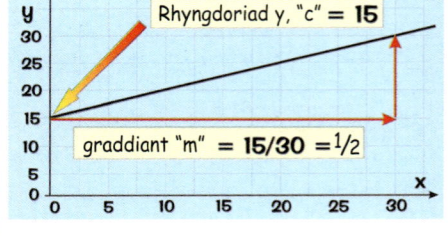

Yn y graff a ddangosir yma, m = 1/2 ac c = 15 felly daw "y = mx + c" yn "y = 1/2x + 15".

3) Darganfod Cyfesurynnau'r Canolbwynt

Mae hyn yn ddigon hawdd – os oes gennych linell (neu ran o linell) sy'n ymestyn o A i B, ac os ydych yn gwybod cyfesurynnau pwyntiau A a B, gallwch gyfrifo cyfesurynnau canolbwynt y rhan hon o'r llinell yn hawdd.

CYMERWCH GYFARTALEDD CYFESURYNNAU X A CHYFARTALEDD CYFESURYNNAU Y A GOSODWCH NHW MEWN PÂR O GROMFACHAU.

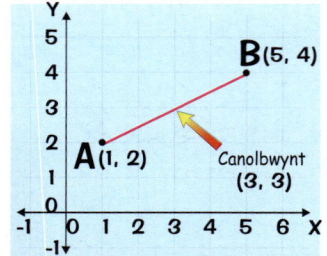

A = (1, 2) ⇒ X=1, Y=2
B = (5, 4) ⇒ X=5, Y=4
Cyfartaledd cyfesurynnau X = (1 + 5) ÷ 2 = 3
Cyfartaledd cyfesurynnau Y = (2 + 4) ÷ 2 = 3
RHOWCH NHW AT EI GILYDD …
Cyfartaledd cyfesurynnau = cyfesurynnau'r canolbwynt = (3, 3)

Y Prawf Hollbwysig:

DYSGWCH FANYLION y ddau ddull ar gyfer "y = mx + c". Yna TROWCH Y DUDALEN ac YSGRIFENNWCH BOPETH.

1) Gan ddefnyddio "y = mx + c" lluniwch graffiau y = x − 3 ac y = 4 − 2x.
2) Gan ddefnyddio "y = mx + c" darganfyddwch hafaliadau'r tri graff hyn →
3) Rhowch gyfesurynnau canolbwynt, N, y segment llinell o L(16,12) i M(4,3).

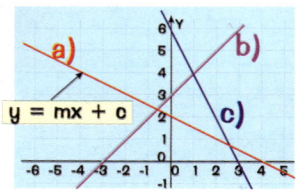

Cwestiynau Cyffredin ar Graffiau

Mae cwestiynau ar graffiau yn cynnwys llawer o fanylion trafferthus: cael gwerthoedd cywir yn y tabl; plotio pwyntiau cywir; a chael atebion terfynol o'r graff. Er mwyn ennill yr holl farciau hawdd hyn, rhaid i chi ddysgu'r holl driciau bach canlynol:

Llenwi'r Tabl Gwerthoedd

Cwestiwn cyffredin: *"Cwblhewch y tabl gwerthoedd ar gyfer yr hafaliad $y = x^2 - 4x + 3$"*

x	-2	-1	0	1	2	3	4	5	6
y			0			3			15

PEIDIWCH Â cheisio mewnbynnu popeth i'r cyfrifiannell ar unwaith. Camgymeriad fyddai hynny. Mae gweddill y cwestiwn yn dibynnu ar y tabl gwerthoedd hwn a gallai gwneud un camgymeriad gwirion yma olygu colli llawer o farciau. Efallai bod y dull canlynol yn ymddangos yn un hir ond dyma'r unig DDULL CWBL DDIOGEL.

1) Ar gyfer POB gwerth yn y tabl dylech YSGRIFENNU'R CANLYNOL:

Ar gyfer x=4: $y = x^2 - 4x + 3$
             $= 4^2 - 4 \times 4 + 3$
             $= 16 - 16 + 3$
             $= \underline{3}$

Ar gyfer x=-1: $y = x^2 - 4x + 3$
             $= (-1 \times -1) - (4 \times -1) + 3$
             $= 1 - -4 + 3 = 1 + 4 + 3$
             $= \underline{8}$

2) Gofalwch eich bod yn gallu atgynhyrchu'r gwerthoedd y sydd wedi'u rhoi yn barod i chi ...

— CYN llenwi'r bylchau yn y tabl. Mae hyn yn bwysig iawn er mwyn sicrhau eich bod yn gwneud y gwaith yn iawn, cyn i chi ddechrau cyfrifo llawer o werthoedd anghywir.

Mae hwn yn gyngor da, felly gwae chi os ydych yn ei anwybyddu.

Plotio Pwyntiau a Llunio Cromlin

Yma eto, mae marciau yn y fantol!

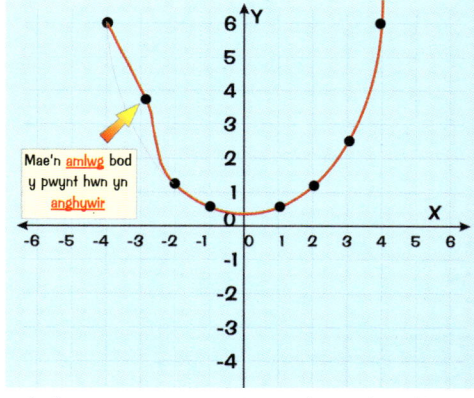

Mae'n amlwg bod y pwynt hwn yn anghywir

1) RHOWCH YR ECHELINAU YN EU LLE CYWIR: Mae'r gwerthoedd o'r rhes neu golofn GYNTAF BOB AMSER yn cael eu plotio ar yr echelin X.

2) PLOTIWCH Y PWYNTIAU YN OFALUS, a pheidiwch â chymysgu gwerthoedd x ac y.

3) Bydd y pwyntiau bob amser yn ffurfio LLINELL HOLLOL SYTH neu GROMLIN HOLLOL LEFN. Os nad ydynt, maen nhw'n anghywir.

4) Dylid llunio graff o HAFALIAD ALGEBRAIDD bob amser fel CROMLIN LEFN (neu linell hollol syth). Yr unig adeg y byddwch yn defnyddio llawer o ddarnau o linellau syth byr yw i gysylltu pwyntiau mewn "Trafod Data" sef "polygon amlder." (Gweler T.58)

PEIDIWCH BYTH â gadael i un pwynt dynnu eich llinell i gyfeiriad annerbyniol. Os bydd un pwynt yn ymddangos yn anghywir, yna gwiriwch y gwerth a gyfrifwyd yn y tabl ac yna gwiriwch eich bod wedi ei blotio'n gywir. Pan fo graff yn cael ei lunio o hafaliad, nid ydych byth yn cael pigynnau neu lympiau – dim ond CAMGYMERIADAU.

ADRAN PUMP — GRAFFIAU

Cwestiynau Cyffredin ar Graffiau

Sut i gael Atebion o'r Graff

1) **YN ACHOS CROMLIN NEU LINELL**, rydych BOB AMSER yn darganfod yr ateb *drwy dynnu llinell syth o un echelin i'r graff*, ac yna *i lawr neu ar draws at yr echelin arall*, fel y dangosir yma:

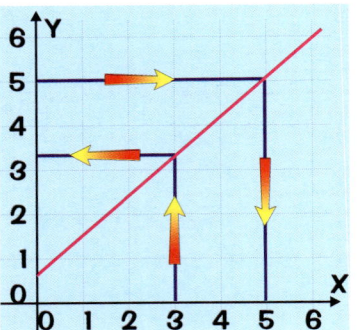

Dylech *ddisgwyl i hyn ddigwydd* er mwyn i chi o leiaf roi cynnig ar y cwestiwn hyd yn oed os nad ydych yn ei ddeall:

Os bydd y cwestiwn yn dweud "*Darganfyddwch werth y pan yw x yn hafal i 3*", Y CWBL SYDD RAID I CHI EI WNEUD YW HYN: dechrau ar 3 ar echelin x, symud i fyny i linell y graff, yna mynd yn syth ar draws tuag at yr echelin y a darllen beth yw'r gwerth, sef y = 3.2 yn yr achos hwn (fel y gwelir gyferbyn).

2) **OS YW DWY LINELL YN CROESI…** gallwch fod yn hollol sicr mai'r ateb ar gyfer un o'r cwestiynau fydd: GWERTHOEDD X AC Y LLE MAEN NHW'N CROESI, a dylech ddisgwyl hyn hyd yn oed *cyn i'r cwestiwn gael ei ofyn*! (Gweler Hafaliadau Cydamserol, T.92).

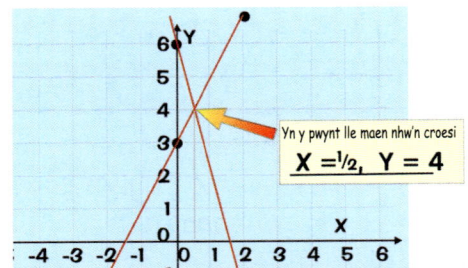

Beth yw YSTYR Graddiant Graff?

Beth bynnag yw'r graff, mae YSTYR Y GRADDIANT bob amser yr un fath:

(UNEDAU echelin Y) YR (UNED echelin X)

ENGHREIFFTIAU:

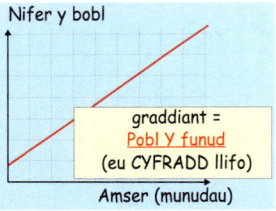
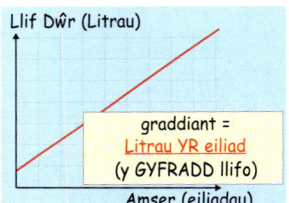
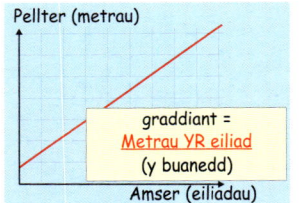
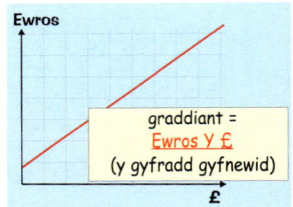

Mae gan rai graddiannau enwau arbennig, er enghraifft y *Gyfradd Gyfnewid* neu'r *Buanedd*, ond wedi i chi ysgrifennu'r geiriau "*rhywbeth Y/YR rhywbeth arall*" gan ddefnyddio UNEDAU echelin Y ac echelin X, yna mae'n eithaf hawdd gweld yr hyn y mae'r graddiant yn ei gynrychioli.

Y Prawf Hollbwysig:

DYSGWCH y 2 Reol ar gyfer gwneud tablau gwerthoedd, y 4 pwynt ar gyfer llunio graffiau, y 2 Reol syml ar gyfer cael atebion ac ystyr graddiant.

Nawr cuddiwch y dudalen ac *ysgrifennwch y cyfan oddi ar eich cof*. Yna *rhowch gynnig arall nes byddwch yn llwyddo*.

1) *Cwblhewch y tabl gwerthoedd* sydd ar ben y dudalen flaenorol (gan ddefnyddio'r dulliau priodol!), ac yna *lluniwch y graff* gan gofio'r Pedwar Pwynt.
2) O'ch graff *darganfyddwch werth y pan yw x = 4.2*, a *gwerth x pan yw y = 12*.
3) Petawn i'n llunio graff gyda "milltiroedd a deithiwyd" ar hyd yr echelin y a "galwyni a ddefnyddiwyd" ar hyd yr echelin x, ac yn darganfod y graddiant, beth fyddai'r gwerth yn ei ddweud wrthyf?".

Crynodeb Adolygu Adran Pump

Tydi graffiau yn hwyl! Dyma'r cwestiynau anodd i ddarganfod faint ydych chi'n ei wybod. Cofiwch fod mathemateg yn llawn o <u>ffeithiau</u> ac mae angen i chi eu gwybod <u>er mwyn llwyddo</u>. Pwrpas y cwestiynau hyn yw dangos faint o'r ffeithiau syml rydych chi wedi eu dysgu hyd yn hyn. Rhowch gynnig arni nawr. Yna, dysgwch fwy o ffeithiau a rhoi cynnig arall arni.

Daliwch ati i ddysgu'r ffeithiau sylfaenol hyn nes byddwch yn eu gwybod.

1) Nodwch 3 ffordd o gofio trefn yr echelinau x ac y.
2) Gwnewch fraslun o echelinau x ac y a dangoswch ym mhle mae'r cyfesurynnau x a'r cyfesurynnau y yn bositif a negatif yn y pedwar rhanbarth gwahanol.
3) Beth yw cyfeiriad echelin z?
4) Beth yw pwrpas cyfesurynnau z?
5) Pa fath o linell yw $x = a$?
6) Pa fath o linell yw $y = b$?
7) Pa fath o linell yw $y = ax$?
8) Beth sy'n arbennig ynglŷn ag $y = x$ ac $y = -x$?
9) Pa 4 math gwahanol o graff y dylech wybod eu siapiau sylfaenol?
10) Sut olwg sydd ar graff cyfrannedd wrthdro?
11) Pa fath o hafaliad sy'n rhoi graff siâp bwced?
12) A beth am fwced â'i phen i lawr?
13) Pa fath o hafaliad sy'n rhoi graff â thro dwbl yn y canol?
14) Gwnewch 2 enghraifft o bob un, gan roi'r hafaliad a gwneud braslun o'r graff.
15) Pa fath o hafaliad sy'n rhoi llinell syth?
16) Sut mae'r rhain yn gwahaniaethu oddi wrth hafaliadau nad ydynt yn llinellau syth?
17) Beth yw'r fformiwla ar gyfer graddiant?
18) Ysgrifennwch y 5 cam i ddarganfod graddiant.
19) Beth yw'r dull hawsaf o lunio neu fraslunio graff hafaliad?
20) Beth sy'n wahanol yn y dull hwn os nad yw'n llinell syth?
21) Eglurwch beth yw ystyr "$y = mx + c$", gan gynnwys ystyr "m" ac "c".
22) Disgrifiwch yn fanwl y 6 cham ar gyfer plotio graff gan ddefnyddio "$y = mx + c$".
23) Disgrifiwch yn fanwl y 3 cham ar gyfer darganfod hafaliad graff llinell syth.
24) Os yw llinell yn mynd drwy ddau bwynt (P12, 34) a Q(4,12), darganfyddwch gyfesurynnau canolbwynt y segment llinell, PQ.
25) Nodwch y ddwy reol ar gyfer llenwi tabl gwerthoedd.
26) Nodwch y 4 rheol ar gyfer plotio graff o dabl gwerthoedd.
27) Nodwch y ddwy reol ar gyfer cael atebion o graff neu graffiau.
28) Sut mae penderfynu <i>ystyr</i> graddiant graff?
29) Pa echelinau x ac y fyddech eu hangen pe byddai'r graddiant yn hafal i fuanedd mewn metrau yr eiliad?
30) Pa echelinau fyddai eu hangen arnoch pe byddai'r graddiant yn gyfradd llifo dŵr, mewn litrau y funud?
31) Pa echelinau fyddech eu hangen pe byddai'r graddiant yn gywerth â "Chyfradd Gyfnewid"?

Adran Chwech — Algebra yn Bennaf

Rhifau Negatif a Llythrennau

Mae pawb yn gwybod RHEOL 1, ond weithiau rhaid defnyddio RHEOL 2 yn ei lle, felly gofalwch eich bod yn gwybod y DDWY reol YN OGYSTAL Â phryd i'w defnyddio.

Rheol 1

I'w defnyddio'n unig:

Mae	+	+	yn rhoi	+
Mae	+	−	yn rhoi	−
Mae	−	+	yn rhoi	−
Mae	−	−	yn rhoi	+

1) **Wrth luosi neu rannu**

   e.e. $-2 \times 3 = -6$, $-8 \div -2 = +4$ $-4p \times -2 = +8p$

2) **Pan fydd dau arwydd yn ymddangos ochr yn ochr**

   e.e. $5 - {}^-4 = 5+4 = 9$ $4 + {}^-6 - {}^-7 = 4 - 6 + 7 = 5$

Rheol 2

Y LLINELL RIF

Defnyddiwch hon wrth ADIO NEU DYNNU:

e.e. "Symleiddiwch $4X - 8X - 3X + 6X$"

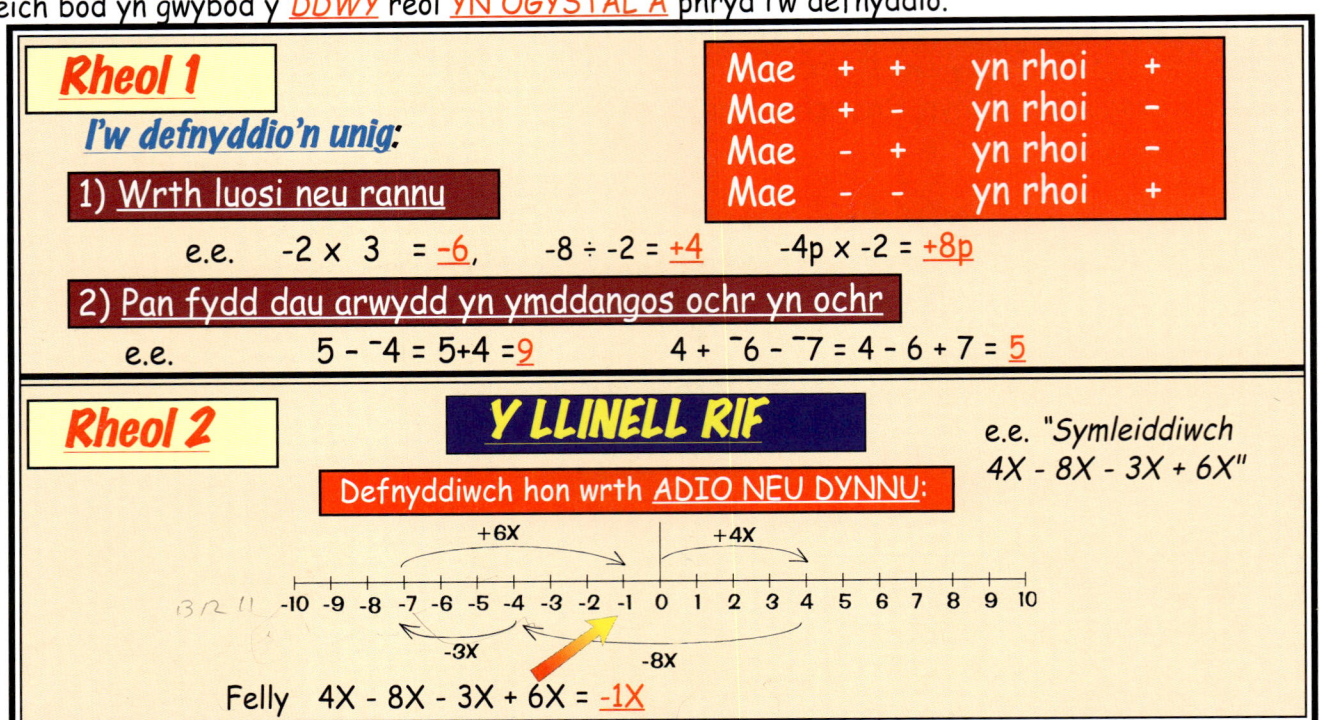

Felly $4X - 8X - 3X + 6X = -1X$

Lluosi Llythrennau â'i Gilydd

Dyma'r nodiant arbennig a ddefnyddir mewn algebra. Rhaid i chi gofio'r pum rheol hyn:

1) Mae "abc" yn golygu "$a \times b \times c$"   Yn aml mae'r arwydd × yn cael ei hepgor i wneud pethau'n fwy eglur.
2) Mae "gn^2" yn golygu "$g \times n \times n$"   Sylwch mai n yn unig sy'n cael ei sgwario, nid g hefyd.
3) Mae "$(gn)^2$" yn golygu "$g \times g \times n \times n$"   Mae'r cromfachau yn golygu bod y DDWY lythyren yn cael eu sgwario.
4) Mae "$p(q - r)^3$" yn golygu "$p \times (q - r) \times (q - r) \times (q - r)$"   Dim ond cynnwys y cromfachau sy'n cael ei giwbio.
5) Mae "-3^2" yn rhy amwys. Dylid ei ysgrifennu un ai fel $(-3)^2 = 9$, neu fel $-(3^2) = -9$.

Gwahaniaeth Rhwng Dau Sgwâr:

$$a^2 - b^2 = (a + b)(a - b)$$

Mae "gwahaniaeth rhwng dau sgwâr" yn golygu "un peth wedi'i sgwario" tynnu "peth arall wedi'i sgwario". Yn yr Arholiad rydych yn debygol o gael cwestiwn lle gofynnir i chi ffactorio mynegiad "gwahaniaeth rhwng dau sgwâr" (h.y. ei roi mewn cromfachau fel yn yr enghraifft uchod). Gofalwch eich bod yn DYSGU'R un enghraifft hon:

Ffactoriwch $x^2 - 16$.   Ateb: $x^2 - 16 = (x + 4)(x - 4)$

Y Prawf Hollbwysig:

DYSGWCH y Ddwy Reol ar gyfer rhifau negatif a phryd y defnyddir pob un, y 5 achos arbennig o Lythrennau Wedi eu Lluosi â'i Gilydd, a'r enghraifft "gwahaniaeth rhwng dau sgwâr" uchod.

Yna cuddiwch y dudalen ac ysgrifennwch yr hyn rydych chi wedi ei ddysgu.

1) Ar gyfer cwestiynau a) i ch) penderfynwch ym mhle y dylid defnyddio Rheol 1 a Rheol 2, ac yna cyfrifwch yr atebion. a) -4×-3 b) $-4 + {}^-5 + 3$ c) $(3X + {}^-2X - 4X) \div (2 + {}^-5)$ ch) $120 \div {}^-40$
2) Os yw $m = 2$ ac $n = -3$, cyfrifwch: a) mn^2 b) $(mn)^3$ c) $m(4+n)^2$ ch) n^3 d) $3m^2n^3 + 2mn$

Ffurf Indecs Safonol

Mae Ffurf Safonol a Ffurf Indecs Safonol yn golygu'r UN PETH.
Felly cofiwch y ddau enw hyn yn ogystal â'r ystyr:

Rhif Cyffredin: 4,300,000   Yn y Ffurf Safonol: 4.3×10^6

Yr unig adeg y bydd y ffurf safonol yn ddefnyddiol yw ar gyfer ysgrifennu rhifau MAWR IAWN neu rifau BACH IAWN mewn dull mwy cyfleus, e.e.
  Byddai 56,000,000,000 yn 5.6×10^{10} yn y ffurf safonol.
  Byddai 0.000 000 003 45 yn 3.45×10^{-9} yn y ffurf safonol.
ond gellir ysgrifennu UNRHYW RIF yn y ffurf safonol a dylech wybod sut i wneud hynny:

Dyma beth sydd angen ei wneud:

Rhaid i rif sydd wedi ei ysgrifennu yn y ffurf safonol fod BOB AMSER yn yr UNION ffurf hon

$$A \times 10^n$$

Mae'n rhaid i'r rhif hwn fod RHWNG 1 A 10 bob amser.
(Y ffordd fathemategol o ddweud hyn yw: "$1 \leq A < 10$" — weithiau bydd hyn yn cael ei ddefnyddio mewn cwestiynau arholiad — cofiwch yr ystyr).

Mae'r rhif hwn yn nodi NIFER Y LLEOEDD mae'r Pwynt Degol yn symud.

Dysgwch y Tair Rheol:

1) Rhaid i'r rhif blaen fod RHWNG 1 A 10 bob amser
2) Mae'r pŵer 10, sef n, yn golygu: PA MOR BELL Y MAE'R PWYNT DEGOL YN SYMUD
3) Mae n yn bositif i rifau MAWR, mae n yn negatif i rifau BACH
(Mae hyn yn llawer gwell na'r rheolau sydd wedi'u seilio ar ba ffordd mae'r pwynt degol yn symud).

Enghreifftiau:

1) "Mynegwch 35 600 yn y ffurf safonol."

DULL:
1) Symudwch y pwynt degol nes bydd 35 600 yn dod yn 3.56 ("$1 \leq A < 10$")
2) Mae'r pwynt degol wedi symud 4 lle felly n = 4, sy'n rhoi: 10^4
3) Mae 35 600 yn rhif MAWR felly mae n yn +4, nid -4

ATEB:
$3.5600.$ = 3.56×10^4

2) "Mynegwch 8.14×10^{-3} fel rhif cyffredin".

DULL:
1) Mae 10^{-3} yn dweud bod yn rhaid i'r pwynt degol symud 3 lle ....
2) ... ac mae'r arwydd "-" yn dweud wrthym am symud y pwynt degol i'w wneud yn rhif BYCHAN. (h.y. 0.00814, yn hytrach nag 8140)

ATEB:
8.14 = 0.00814

ADRAN CHWECH — ALGEBRA YN BENNAF

Ffurf Indecs Safonol

Ffurf Safonol a'r Cyfrifiannell

Mae pobl yn llwyddo i symud y pwynt degol heb fawr o drafferth (*er eu bod weithiau yn anghofio "deg i'r pŵer rhywbeth positif" AR GYFER RHIF MAWR a "deg i'r pŵer rhywbeth negatif" AR GYFER RHIFAU BACH*). Fodd bynnag pan fyddant yn defnyddio cyfrifiannell i ddarganfod y ffurf safonol mae rhai yn mynd i helyntion dybryd.

Ond nid yw'r gwaith mor anodd â hynny – dim ond i chi ei ddysgu ...

1) Mewnbynnu Rhifau Ffurf Safonol [EXP]

Y botwm SYDD RAID i chi ei ddefnyddio i fewnbynnu rhifau ffurf safonol i'r cyfrifiannell yw'r botwm [EXP] (neu'r botwm [EE]) – ond PEIDIWCH â phwyso [X] [10] hefyd, fel mae llawer o bobl yn ei wneud, gan fod hynny'n ANGHYWIR.

Enghraifft: "Mewnbynnwch 2.67×10^{15} i'r cyfrifiannell"

Pwyswch: [2.67] [EXP] [15] [=] a bydd y dangosydd yn rhoi 2.67^{15}

Sylwch mai'r UNIG fotwm sydd raid i chi ei BWYSO yw [EXP] (neu [EE]) — NID YDYCH YN PWYSO [X] na [10] o gwbl.

2) Darllen Rhifau Ffurf Safonol:

Y prif beth sydd raid i chi ei gofio wrth ysgrifennu unrhyw rif ffurf safonol sydd ar ddangosydd cyfrifiannell yw ychwanegu "x10" eich hun. PEIDIWCH ag ysgrifennu dim ond yr hyn sy'n ymddangos ar y dangosydd.

Enghraifft: "Ysgrifennwch y rhif 7.986^{05} fel ateb terfynol."

Fel ateb terfynol rhaid ysgrifennu hwn fel 7.986×10^5.

NID 7.986^5 ydyw, felly PEIDIWCH â'i ysgrifennu felly — mae'n rhaid i CHI roi'r $\times 10^n$ i mewn eich hun, er nad yw'n ymddangos o gwbl ar y dangosydd. *Mae llawer yn anghofio hyn.*

Y Prawf Hollbwysig:

DYSGWCH y Tair Rheol a'r Ddau Ddull Cyfrifiannell, yna cuddiwch y dudalen ac ysgrifennwch nhw.

Nawr cuddiwch y ddwy dudalen ac atebwch y canlynol:
1) Rhowch y Tair Rheol ar gyfer ffurf safonol.
2) Mynegwch 958,000 yn y ffurf indecs safonol.
3) A'r un peth ar gyfer 0.00018.
4) Mynegwch 4.56×10^3 fel rhif cyffredin.
5) Cyfrifwch y canlynol gan ddefnyddio eich cyfrifiannell: $3.2 \times 10^{12} \div 1.6 \times 10^{-9}$, ac ysgrifennwch yr ateb, yn gyntaf yn y ffurf safonol ac yna fel rhif cyffredin.

Pwerau (neu "Indecsau")

Mae pwerau yn llaw-fer ddefnyddiol iawn:

$$2\times2\times2\times2\times2\times2\times2 = 2^7 \text{ ("dau i'r pŵer 7")}$$
$$7\times7 = 7^2 \text{ ("7 wedi ei sgwario")}$$
$$6\times6\times6\times6\times6 = 6^5 \text{ ("Chwech i'r pŵer 5")}$$
$$4\times4\times4 = 4^3 \text{ ("pedwar wedi ei giwbio")}$$

Mae'r darn hwn yn hawdd i'w gofio. Yn anffodus, mae SAITH RHEOL ARBENNIG ar gyfer Pwerau ac nid yw'r rhain mor hawdd, ond *bydd angen i chi eu gwybod ar gyfer yr Arholiad*:

Y Saith Rheol

1) Wrth LUOSI, rydych yn ADIO'r pwerau.

e.e. $3^4 \times 3^6 = 3^{4+6} = 3^{10}$ $8^3 \times 8^5 = 8^{3+5} = 8^8$

2) Wrth RANNU, rydych yn TYNNU'r pwerau.

e.e. $5^4 \div 5^2 = 5^{4-2} = 5^2$ $12^8/12^3 = 12^{8-3} = 12^5$

3) Wrth GODI un pŵer i bŵer arall, rydych yn LLUOSI'r pwerau.

e.e. $(3^2)^4 = 3^{2\times4} = 3^8$, $(5^4)^6 = 5^{24}$

4) $X^1 = X$, UNRHYW RIF I'R PŴER 1 yw'r RHIF EI HUNAN

e.e. $3^1 = 3$, $6 \times 6^3 = 6^4$, $4^3 \div 4^2 = 4^{3-2} = 4^1 = 4$

5) $X^0 = 1$, UNRHYW RIF I'R PŴER 0 yw 1

e.e. $5^0 = 1$ $67^0 = 1$ $3^4/3^4 = 3^{4-4} = 3^0 = 1$

6) $1^X = 1$, 1 I UNRHYW BŴER yw 1

e.e. $1^{23} = 1$ $1^{89} = 1$ $1^2 = 1$ $1^{1012} = 1$

7) MAE PWERAU FFRACSIYNOL yn golygu un peth: ISRADDAU

Mae'r Pŵer $1/2$ yn golygu *Ail Isradd*, e.e. $25^{1/2} = \sqrt{25} = 5$
Mae'r Pŵer $1/3$ yn golygu *Trydydd Isradd*, e.e. $64^{1/3} = \sqrt[3]{64} = 4$

Y Prawf Hollbwysig:
DYSGWCH y Saith Rheol ar gyfer Pwerau. Yna cuddiwch y dudalen ac ysgrifennwch bopeth. Daliwch ati nes byddwch yn llwyddo!

Yna cuddiwch y dudalen a defnyddiwch y rheolau i SYMLEIDDIO'r canlynol:
1) a) $3^2 \times 3^6$ b) $4^3 \div 4^2$ c) $(8^3)^4$ ch) $(3^2 \times 3^3 \times 1^6)/3^5$ d) $7^3 \times 7 \times 7^2$
2) a) $5^2 \times 5^7 \times 5^3$ b) $1^3 \times 5^0 \times 6^2$ c) $(4^3 \times 4 \times 4^2) \div (2^3 \times 2^4)$
3) Os yw $6 \times 6 \times 6 = 216$, beth yw gwerth $216^{1/3}$?

Ail Israddau a Thrydydd Israddau

Ail Israddau

Mae "wedi ei sgwario" yn golygu "wedi ei luosi â'i hunan": $P^2 = P \times P$ — AIL ISRADD yw'r broses wedi ei gwrthdroi.

Y ffordd orau o feddwl am y peth yw fel hyn:

Mae "Ail Isradd" yn golygu "Pa Rif wedi ei Luosi â'i Hunan sy'n rhoi ..."

Enghraifft:
"Darganfyddwch ail isradd 49" (h.y. "Darganfyddwch $\sqrt{49}$" neu "Darganfyddwch $49^{1/2}$")
I wneud hyn dylech ofyn: "Pa rif wedi ei LUOSI Â'I HUNAN sy'n rhoi... 49?"
Os ydych wedi dysgu'r dilyniannau rhif ar T.1 (fel y dywedwyd wrthych am wneud) yna byddwch yn gwybod yn syth mai'r ateb yw 7.

Ar eich cyfrifiannell, mae'n hawdd darganfod unrhyw ail isradd positif gan ddefnyddio'r BOTWM AIL ISRADD: Pwyswch $\sqrt{}$ 49 = (Gweler T.17).

Gall Ail Israddau fod yn Bositif neu'n Negatif

Os ydych yn lluosi rhif negatif ag ef ei hunan rydych yn cael rhif positif (gweler T.78):

$(-2)^2 = (-2) \times (-2) = 4$ .... Ond $2^2 = 4$ hefyd.

I ddweud y gwir mae'n eithaf syml: $\sqrt{4} = +2$ neu -2

... ac mae'r un peth yn wir am bob ail isradd –
bob tro y cewch ail isradd positif, rydych hefyd yn cael un negatif.

Trydydd Israddau

Mae "wedi ei giwbio" yn golygu "wedi ei luosi â'i hunan dair gwaith": $T^3 = T \times T \times T$ — TRYDYDD ISRADD yw'r broses wedi ei gwrthdroi.

Mae "Trydydd Isradd" yn golygu "Pa Rif wedi ei Luosi â'i Hunan DAIR GWAITH sy'n rhoi ..."

A dweud y gwir dim ond dau arwydd x sydd yna, ond rydych chi'n gwybod be dwi'n feddwl

Enghraifft: "Darganfyddwch drydydd isradd 64" (h.y. "Darganfyddwch $\sqrt[3]{64}$" neu "Darganfyddwch $64^{1/3}$") Dylech ofyn: "Pa rif wedi ei LUOSI Â'I HUNAN DAIR GWAITH sy'n rhoi ... 64?"
Ar ôl adolygu T.1 yn drylwyr byddwch yn gwybod wrth gwrs mai'r ateb yw 4.

NEU ar eich cyfrifiannell pwyswch y BOTWM TRYDYDD ISRADD:
Pwyswch $\sqrt[3]{}$ 27 = = 3   (Gweler T.17)

A Pheidiwch ag Anghofio:

...mai dim ond ffordd arall o ofyn am AIL ISRADD yw "RHYWBETH I'R PŴER ½"
e.e. Mae $81^{1/2}$ yn gyfystyr â $\sqrt{81}$, sef 9.
... mai dim ond ffordd arall o ofyn am DRYDYDD ISRADD yw "RHYWBETH I'R PŴER 1/3"
e.e. Mae $27^{1/3}$ yn gyfystyr â $\sqrt[3]{27}$, sef 3.

Y Prawf Hollbwysig:

DYSGWCH y 2 osodiad yn y bocsys tywyll, y dull gorau o ddarganfod israddau a beth yw ystyr pwerau ffracsiynol. Yna cuddiwch y dudalen ac ysgrifennwch bopeth.

1) Defnyddiwch eich cyfrifiannell i ddarganfod a) $56^{1/2}$ b) $450^{1/3}$ c) $\sqrt{200}$ ch) $\sqrt[3]{8000}$
Yn a) ac c), beth yw'r gwerthoedd eraill na roddwyd gan eich cyfrifiannell?
2) a) Os yw $g^2 = 36$, darganfyddwch g. b) Os yw $b^3 = 64$, darganfyddwch b. c) Os yw $4 \times r^2 = 36$, darganfyddwch r.

Rhoi Gwerthoedd mewn Fformiwlâu

Mae hyn yn llawer haws nag y tybiwch! $C = \frac{5}{9}(F - 32)$

Yn gyffredinol, mae algebra yn bwnc eithaf dyrys, ond mae rhannau ohono yn hawdd IAWN, ac yn sicr dyma'r darn hawsaf, felly peidiwch â cholli marciau yma yn yr Arholiad.

Dull

Os na fyddwch yn dilyn y DULL PENODOL hwn, yna byddwch yn dal i wneud camgymeriadau.

1) Ysgrifennwch y Fformiwla   e.e. $F = 9/5 C + 32$

2) Ysgrifennwch hi eto, yn union oddi tanodd,   e.e. $F = 9/5 \cdot 15 + 32$
   ond gan roi rhifau yn lle'r llythrennau ar yr OCHR DDE.

3) Gweithiwch FESUL CAM. $F = 27 + 32$
   Defnyddiwch CORLAT i gyfrifo pethau YN Y DREFN GYWIR. $= 59$
   YSGRIFENNWCH werth pob rhan wrth fynd ymlaen. $F = 59°$

4) PEIDIWCH â cheisio gwneud popeth ar unwaith â'r cyfrifiannell.
   Mae'r dull hwn yn methu hanner yr amser o leiaf!

CORLAT

Cromfachau, O (flaen), Rhannu, Lluosi, Adio, Tynnu

Mae CORLAT yn dweud wrthych ym mha DREFN y dylid cyfrifo pethau: Cyfrifwch y cromfachau yn gyntaf, yna Pethau eraill megis sgwario, yna lluosi/rhannu grwpiau o rifau cyn adio neu dynnu. Mae'r set hon o reolau yn gweithio'n hynod o dda mewn achosion syml, felly cofiwch y gair: CORLAT.   (Gweler T.18)

Enghraifft

Rhoddir gwerth T gan: $T = (P - 7)^2 + 4R/Q$
Darganfyddwch werth T pan yw $P = 4$, $Q = -2$ ac $R = 3$.

ATEB:
1) Ysgrifennwch y fformiwla: $T = (P - 7)^2 + 4R/Q$
2) Rhowch y rhifau i mewn: $T = (4 - 7)^2 + 4 \times 3/-2$
3) Yna gweithiwch fesul cam: $= (-3)^2 + 12/-2$
     $= 9 + -6$
     $= 9 - 6 = \underline{3}$

Sylwch sut mae CORLAT yn gweithio: Cromfachau'n gyntaf, yna sgwario. Yna lluosi a rhannu ac i orffen adio a thynnu.

Y Prawf Hollbwysig:

DYSGWCH 4 Cam y Dull Amnewid ac ystyr CORLAT yn llawn. Yna trowch y dudalen ...

... ac ysgrifennwch bopeth oddi ar eich cof. 1) Defnyddiwch yr enghraifft uchod i ymarfer nes byddwch yn gallu gwneud y gwaith yn rhwydd a heb gymorth.   2) Os yw $C = 5/9(F - 32)$, darganfyddwch werth C pan yw $F = 77$

ADRAN CHWECH — ALGEBRA YN BENNAF

Algebra Sylfaenol

1) Termau

Cyn y gallwch wneud dim byd arall, RHAID i chi ddeall beth yw ystyr TERM:

1) TERM YW CASGLIAD O RIFAU, LLYTHRENNAU A CHROMFACHAU, A'R CWBL WEDI EU LLUOSI/RHANNU Â'I GILYDD
2) Bydd TERMAU yn cael eu GWAHANU gan ARWYDDION + a − e.e. $4x^2 - 3py - 5 + 3p$
3) Mae gan DERMAU bob amser naill ai + neu − O'U BLAENAU
4) e.e.

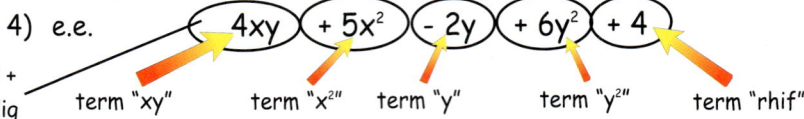

Arwydd + anweledig — term "xy" — term "x²" — term "y" — term "y²" — term "rhif"

2) Symleiddio

"Casglu Termau Tebyg"

ENGHRAIFFT: "Symleiddiwch $2x - 4 + 5x + 6$"

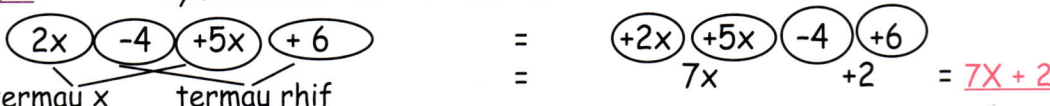

= $7x + 2$

1) Rhowch swigen am bob term – gofalwch eich bod yn cipio'r arwydd +/− sydd O FLAEN pob term.
2) Yna gallwch symud y "swigod" i'r drefn orau fel y bydd TERMAU TEBYG gyda'i gilydd.
3) Mae gan "DERMAU TEBYG" yr un cyfuniad o lythrennau yn union, e.e. "termau x" neu "dermau xy".
4) Cyfunwch y TERMAU TEBYG gan ddefnyddio'r LLINELL RIF (nid y rheol arall ar gyfer rhifau negatif).

3) Lluosi Cromfachau

1) Mae'r hyn sydd y TU ALLAN i'r cromfachau yn lluosi pob term sydd O FEWN y cromfachau.
2) Pan fydd llythrennau yn cael eu lluosi â'i gilydd, byddant yn cael eu hysgrifennu nesaf at ei gilydd fel hyn: pq.
3) Cofiwch, $R \times R = R^2$, ac mae TY^2 yn golygu $T \times Y \times Y$, tra bo $(TY)^2$ yn golygu $T \times T \times Y \times Y$.
4) Cofiwch fod arwydd minws y tu allan i'r cromfachau YN GWRTHDROI'R HOLL ARWYDDION pan fyddwch yn lluosi.

ENGHRAIFFTIAU:
1) $3(2x + 5) = 6x + 15$ 2) $4p(3r - 2t) = 12pr - 8pt$
3) $-4(3p^2 - 7q^3) = -12p^2 + 28q^3$ (sylwch fod y ddau arwydd wedi eu gwrthdroi – Rheol 4)

4) Canslo Ffracsiynau Algebraidd

Mae hyn yn union yr un fath â chanslo ffracsiynau cyffredin.

1) Chwiliwch am unrhyw ddarnau sydd ar y top a hefyd ar y gwaelod (ffactorau cyffredin).
2) Canslwch nhw.

ENGHRAIFFTIAU:
1) Symleiddiwch: $\dfrac{2x(x-1)}{(x-1)}$ Ateb: $\dfrac{2x\cancel{(x-1)}}{\cancel{(x-1)}} = 2x$

Croeswch bob term sydd ar y top a hefyd ar y gwaelod

2) Symleiddiwch: $\dfrac{6x(x+4)(x-1)}{3x(x-1)}$ Ateb: $\dfrac{\cancel{6}^2\cancel{x}(x+4)\cancel{(x-1)}}{\cancel{3x}\cancel{(x-1)}} = 2(x+4)$

Algebra Sylfaenol

5) Ehangu a Symleiddio

a) Gyda CHROMFACHAU DWBL
— rydych yn cael 4 term ar ôl y lluosi ac fel arfer bydd 2 ohonynt yn cyfuno gan adael 3 therm, fel hyn:

$$(2P - 4)(3P + 1) = (2P \times 3P) + (2P \times 1) + (-4 \times 3P) + (-4 \times 1)$$
$$= 6P^2 + 2P - 12P - 4$$
$$= 6P^2 - 10P - 4$$

(mae'r ddau yma'n cyfuno)

b) SGWARIO CROMFACHAU:
e.e. $(3d + 5)^2$ Cofiwch ysgrifennu'r rhain BOB AMSER fel dwy set o gromfachau: $(3d+ 5)(3d + 5)$ ac yna cyfrifwch nhw'n OFALUS fel hyn:

$$(3d + 5)(3d + 5) = 9d^2 + 15d + 15d + 25 = 9d^2 + 30d + 25$$

DYLECH BOB AMSER GAEL PEDWAR TERM trwy sgwario cromfachau, ac wrth gwrs bydd _dau o'r rhain_ yn cyfuno gan adael TRI THERM, fel y dangosir uchod.

(Gyda llaw, yr ATEB ANGHYWIR arferol yw $(3d + 5)^2 = 9d^2 + 25$ Gwyliwch rhag hyn!)

6) Ffactorio
— rhoi cromfachau i mewn

Mae hyn yn hollol groes i'r broses o luosi cromfachau. Dyma'r dull i'w ddilyn:

1) Ysgrifennwch y RHIF mwyaf y gellir rhannu'r holl dermau ag ef.
2) Ystyriwch bob llythyren yn ei thro ac ysgrifennwch y pŵer mwyaf (e.e. x, x^2, ayyb) sy'n gyffredin i BOB term.
3) Agorwch gromfachau a llanwch bopeth sydd ei angen i atgynhyrchu pob term.

ENGHRAIFFT: Ffactoriwch $15x^4y + 20x^2y^3z - 35x^3yz^2$

Ateb: $5x^2y(3x^2 + 4y^2z - 7xz^2)$

- Y rhif mwyaf y gellir rhannu 15, 20 a 35 ag ef
- Pwerau mwyaf X ac Y sy'n gyffredin i'r _tri therm_
- Nid oedd Z ym MHOB term felly nid yw'n _ffactor cyffredin_

COFIWCH:

1) Y darnau _a dynnwyd allan_ a'u rhoi ar y blaen yw'r FFACTORAU CYFFREDIN.
2) Y darnau _y tu mewn i'r cromfachau_ yw'r _hyn sydd ei angen i gael y termau gwreiddiol_ petai rhywun yn lluosi'r cromfachau unwaith eto.

Y Prawf Hollbwysig:
DYSGWCH y manylion pwysig ar gyfer y 6 rhan ar y 2 dudalen hyn, yna trowch y tudalennau ac ysgrifennwch y cyfan.

Yna defnyddiwch y dulliau ar gyfer y canlynol:
1) Symleiddiwch: a) $5x + 3y - 4 - 2y - x$ b) $4k + 3y^2 - 6k + y^2 + 2$ c) $\frac{2(x+1)^2}{(x+1)}$
2) Ehangwch: a) $2pq(3p - 4q^2)$ b) $(2g+5)(4g-2)$ c) $(4 - 3h)^2$
3) Ffactoriwch: a) $14x^2y^3 + 21xy^2 - 35x^3y^4$ b) $12h^2j^3 + 6h^4j^2k - 36h^3jk$

Hafaliadau Cwadratig

Ffactorio Cwadratig

Golyga "ffactorio mynegiad cwadratig" ei "roi mewn 2 set o gromfachau". Mae amryw o wahanol ddulliau o wneud hyn, felly defnyddiwch y dull sydd hawsaf i chi. Os nad oes gwahaniaeth gennych yna dysgwch y dull canlynol. Ffurf safonol pob hafaliad cwadratig yw:

$$x^2 + bx + c = 0 \quad \text{(e.e. } x^2 + 3x + 2 = 0)$$

Dull Ffactorio

1) Cofiwch ad-drefnu yn y FFURF SAFONOL BOB AMSER: $x^2 + bx + c = 0$.
2) Ysgrifennwch y DDWY SET O GROMFACHAU ag x ynddynt: (x   )(x   )=0.
3) Yna darganfyddwch 2 rif sy'n LLUOSI i roi "c" (y rhif olaf) ac sydd hefyd yn ADIO/TYNNU i roi "b" (cyfernod x).
4) Rhowch y rhain i mewn a gwiriwch fod yr arwyddion +/- yn gweithio'n iawn.

Enghraifft

"Datryswch $x^2 - x = 12$ drwy ffactorio."

ATEB:
1) Yn gyntaf ad-drefnwch yr hafaliad (yn y ffurf safonol): $x^2 - x - 12 = 0$
2) Mae'r cromfachau cychwynnol (fel bob tro) yn: (x   )(x   )=0

3) Nawr mae angen edrych ar yr holl barau o rifau sy'n lluosi i roi "c" (= 12), ond sydd hefyd yn adio neu'n tynnu i roi gwerth b: (-1)

   1 x 12   Adio/tynnu i roi: 13 neu 11
   2 x 6   Adio/tynnu i roi: 8 neu 4   dyma'r hyn yr ydym yn chwilio amdano
   3 x 4   Adio/tynnu i roi: 7 neu ①   ← (1 yw "b", o fewn ±)

4) Felly bydd 3 a 4 yn rhoi b = ±1, felly rhowch nhw i mewn: (x   3)(x   4)=0
5) Nawr rhowch yr arwyddion +/- fel bo'r 3 a'r 4 yn adio/tynnu i roi -1 (=b). Mae'n amlwg mai'r rhifau yw +3 a -4 felly mae gennym: (x + 3)(x − 4)=0
6) Mae'n HANFODOL eich bod yn gwirio hyn, felly LLUOSWCH y cromfachau eto i sicrhau eu bod yn rhoi'r hafaliad gwreiddiol:
   $(x + 3)(x - 4) = x^2 + 3x - 4x - 12 = x^2 - x - 12$

Cofiwch nad dyma'r diwedd, oherwydd dim ond ffurf ffactor yr hafaliad yw $(x + 3)(x − 4) = 0$. Mae'n rhaid rhoi'r DATRYSIADAU. Mae hyn yn hawdd iawn:

7) Y DATRYSIADAU, yn syml iawn, yw'r ddau rif y tu mewn i'r cromfachau, gydag ARWYDDION +/- DIRGROES: h.y.   x = −3 neu +4

Gofalwch eich bod yn cofio'r cam olaf. Dyma'r gwahaniaeth rhwng DATRYS YR HAFALIAD a'i ffactorio yn unig.

Y Prawf Hollbwysig:

DYSGWCH Y 7 cam i ddatrys hafaliadau cwadratig drwy ffactorio.

1) Datryswch y canlynol drwy'r dull ffactorio:
   a) $x^2 + 5x + 6 = 0$ b) $x^2 + 8x + 12 = 0$
   c) $x^2 + 5x - 24 = 0$ ch) $x^2 - 6x + 9 = 16$

Cynnig a Gwella

Mewn egwyddor, mae hon yn ffordd hawdd o ddarganfod atebion bras i hafaliadau eithaf cymhleth, yn enwedig rhai "ciwbig" (rhai sy'n cynnwys x^3). OND ... rhaid i chi wneud ymdrech i DDYSGU MANYLION y dull hwn, neu gnewch chi byth ei ddeall.

Dull

1) RHOWCH DDAU WERTH CYCHWYNNOL yn yr hafaliad sy'n rhoi CANLYNIADAU DIRGROES. Fel arfer mae'r rhain yn cael eu hawgrymu yn y cwestiwn. Os nad ydynt, bydd yn rhaid i chi feddwl am rai eich hun. Golyga canlyniadau dirgroes un canlyniad sy'n rhy fawr a chanlyniad arall sy'n rhy fach, neu un yn bositif a'r llall yn negatif. Os nad ydynt yn ganlyniadau dirgroes, rhowch gynnig arall arni.

2) Nawr DEWISWCH Y GWERTH NESAF RHWNG Y DDAU WERTH BLAENOROL, a'i ROI yn yr hafaliad.
Daliwch ati i wneud hyn, gan ddewis gwerth newydd bob tro rhwng y ddau werth sy'n arwain at y canlyniadau dirgroes agosaf, (os yn bosibl yn nes at y gwerth sydd agosaf at yr ateb sydd ei angen arnoch).

3) AR ÔL 3 NEU 4 CAM YN UNIG dylech gael 2 rif sydd i'r radd gywir o fanwl gywirdeb ond SY'N GWAHANIAETHU O 1 YN Y DIGID OLAF.
Er enghraifft, pe byddai rhaid i chi roi'r gwerth i 2 le degol, yna yn y diwedd byddech yn gorffen gyda 5.43 a 5.44, dyweder, a byddai'r rhain yn rhoi canlyniadau DIRGROES wrth gwrs.

4) Nawr rydych BOB AMSER yn cymryd yr Union Werth Canol i benderfynu pa un yw'r ateb sydd ei angen. E.e. yn achos 5.43 a 5.44, byddech yn cynnig 5.435 er mwyn gweld a yw'r gwerth cywir rhwng 5.43 a 5.435 ynteu rhwng 5.435 a 5.44 (Gweler isod).

Enghraifft

"Mae datrysiad yr hafaliad $X^3 + X = 40$ rhwng 3 a 3.5. Darganfyddwch y datrysiad hwn i 1 lle degol."

| Cynigiwch X = 3 | $3^3 + 3 = 30$ | (Rhy fach) |
| Cynigiwch X = 3.5 | $3.5^3 + 3.5 = 46.375$ | (Rhy fawr) |

← (2 ganlyniad dirgroes)

Y canlyniad sydd ei angen yw 40, sydd yn nes at 46.375 nag at 30 felly dewiswch werth arall X sy'n agosach at 3.5 nag at 3.

| Cynigiwch X = 3.3 | $3.3^3 + 3.3 = 39.237$ | (Rhy fach) |

Da iawn, mae hyn yn agos iawn, ond rhaid gweld a yw 3.4 yn dal i roi canlyniad rhy fawr neu rhy fach:

| Cynigiwch X = 3.4 | $3.4^3 + 3.4 = 42.704$ | (Rhy fawr) |

Da iawn, nawr gwyddom fod yn rhaid bod yr ateb rhwng 3.3 a 3.4. Er mwyn darganfod pa un o'r rhain yw'r agosaf, rhaid cynnig yr UNION WERTH CANOL: 3.35

| Cynigiwch X = 3.35 | $3.35^3 + 3.35 = 40.945$ | (Rhy fawr) |

Mae hyn yn dangos yn sicr fod yn rhaid bod y datrysiad rhwng 3.3 (rhy fach) a 3.35 (rhy fawr), ac felly i 1 lle degol rhaid talgrynnu i lawr i 3.3.   ATEB = 3.3

Y Prawf Hollbwysig:

"DYSGWCH a CHUDDIWCH" - os nad ydych yn mynd i gofio hyn, yna roedd yn wastraff amser darllen y dudalen.

Er mwyn meistroli'r dull hwn, rhaid i chi DDYSGU'r 4 cam uchod. Gwnewch hynny'n awr, a dal ati i ymarfer nes gallwch eu hysgrifennu heb orfod troi yn ôl at y nodiadau. Nid yw mor anodd ag y mae'n ymddangos.

1) Mae datrysiad yr hafaliad $X^3 - 2X = 1$ rhwng 1 a 2. Darganfyddwch hwn i 1 lle degol.

Y Ffordd Hawdd o Ddatrys Hafaliadau

Dangosir y ffordd "gywir" o ddatrys hafaliadau ar T.89. Yn ymarferol, gall y "ffordd gywir" fod yn eithaf anodd, felly mae cryn dipyn i'w ddweud o blaid defnyddio dulliau sy'n llawer haws. Gweler isod. Anfantais y rhain yw na ellir eu defnyddio bob amser wrth ddelio â hafaliadau cymhleth iawn. Fodd bynnag, maen nhw'n gwneud y tro'n iawn yn y rhan fwyaf o gwestiynau arholiad.

1) Y DULL "SYNNWYR CYFFREDIN"

Yma, y gamp yw sylweddoli mai dim ond rhif anhysbys yw "X" ac mai dim ond cliw cryptig sy'n eich helpu i'w ddarganfod yw'r "hafaliad"

Enghraifft: "Datryswch yr hafaliad hwn: $3X + 4 = 46$"

(h.y. darganfyddwch pa rif yw X)

Ateb: *Dyma'r hyn y dylech ei ddweud wrthych chi eich hun:*

"Mae rhywbeth + 4 = 46"   Felly, mae'n rhaid bod y "rhywbeth" hwn yn 42.

Mae hyn yn golygu $3X = 42$, sy'n golygu "3 gwaith rhywbeth = 42"

Felly mae'n rhaid ei fod yn $42 \div 3$ sy'n 14   felly mae "$X = 14$"

Mewn geiriau eraill, peidiwch â meddwl am y peth yn nhermau algebra ond yn nhermau "Darganfyddwch y rhif anhysbys".

2) Y DULL CYNNIG A GWELLA

Mae'r dull hwn yn hollol dderbyniol, ac er na fydd yn gweithio bob amser, mae'n gwneud fel arfer, yn enwedig os yw'r ateb yn rhif cyfan.

Cyfrinach fawr y dulliau cynnig a gwella yw darganfod DAU ACHOS DIRGROES a dal ati i gymryd gwerthoedd RHYNGDDYNT.

Mewn geiriau eraill, darganfod rhif sy'n gwneud yr OCHR DDE yn fwy, ac yna darganfod rhif sy'n gwneud yr OCHR CHWITH yn fwy. Wedyn cynnig gwerthoedd rhyngddynt.   (Gweler T.87)

Enghraifft: "Darganfyddwch X: $3X + 5 = 21 - 5X$"

(h.y. darganfyddwch y rhif X)

Ateb:

Cynigiwch X = 1: $3+5 = 21 - 5$, $8 = 16$ — anghywir, OCHR DDE yn rhy fawr

Cynigiwch X = 3 $9 + 5 = 21 - 15$, $14 = 6$ — anghywir, OCHR CHWITH yn rhy fawr

FELLY CYNIGIWCH WERTH RHYNGDDYNT: X = 2: $6 + 5 = 21 - 10$, $11 = 11$,   CYWIR, felly $X = 2$

Y Prawf Hollbwysig:
DYSGWCH y ddau ddull hyn nes gallwch droi'r dudalen ac ysgrifennu popeth gan roi enghraifft o bob un.

1) Datryswch: $4x - 12 = 20$ 2) Datryswch: $3x + 5 = 5x - 9$

Adran Chwech — Algebra yn Bennaf

Datrys Hafaliadau

Golyga *datrys hafaliadau* ddarganfod gwerth x o rywbeth fel hyn: 3x + 5 = 4 – 5x.
Nawr, does dim llawer o bobl yn gwybod hyn, ond *yr un dull yn union a ddefnyddir* wrth *ddatrys hafaliadau* ac wrth *ail-drefnu fformiwlâu*, fel y dangosir ar y ddwy dudalen hyn.

1) YR UN DULL YN UNION A DDEFNYDDIR GYDA FFORMIWLÂU A HAFALIADAU.
2) YR UN DILYNIANT O GAMAU A DDEFNYDDIR BOB TRO.

Defnyddiwn yr hafaliad canlynol i egluro'r dilyniant o gamau: $\sqrt{2 - \frac{x+4}{2x+5}} = 3$

Y Chwe Cham i'w Dilyn gyda Hafaliadau

1) Rhaid cael gwared o unrhyw arwyddion ail isradd drwy *sgwario pob ochr*: $2 - \frac{x+4}{2x+5} = 9$

2) Rhaid cael gwared o bopeth ar y gwaelod drwy groes-luosi â PHOB TERM ARALL:

$$2 - \frac{x+4}{2x+5} = 9 \quad \Rightarrow \quad 2(2x+5) - (x+4) = 9(2x+5)$$

3) Lluoswch er mwyn cael gwared o'r cromfachau: $4x + 10 - x - 4 = 18x + 45$

4) Casglwch y *termau testun* i gyd ar un ochr i'r "=" a'r *termau eraill* ar yr ochr arall, *gan gofio gwrthdroi arwydd +/- pob term fydd yn croesi'r "="*:

Mae +18x yn croesi'r "=", felly bydd yn -18x
Mae +10 yn croesi'r "=", felly bydd yn -10
Mae -4 yn croesi'r "=", felly bydd yn +4

$$4x - x - 18x = 45 - 10 + 4$$

5) *Cyfunwch y termau tebyg* ar bob ochr i'r hafaliad, a'i symleiddio i'r ffurf "*Ax = B*", lle mae A a B yn rhifau (neu grwpiau o lythrennau yn achos fformiwlâu):

$$-15x = 39$$
("Ax = B" : A = -15, B = 39, x yw'r testun)

6) Yn olaf, *rhowch yr A o dan y B* i roi "x = B/A", rhannwch, a dyna ni, yr ateb:

$$x = {}^{39}\!/_{-15} = -2.6 \quad \text{Felly } \underline{x = -2.6}$$

Y Prawf Hollbwysig:
DYSGWCH Y 6 CHAM ar gyfer *datrys hafaliadau* ac *ad-drefnu fformiwlâu*. Cuddiwch y dudalen ac ysgrifennwch nhw.

1) Datryswch yr hafaliadau canlynol: a) $5(x + 2) = 8 + 4(5 - x)$ b) $\frac{4}{x+3} = \frac{6}{4-x}$

ADRAN CHWECH — ALGEBRA YN BENNAF

Ail-drefnu Fformiwlâu

Ail-drefnu Fformiwla yw gwneud un llythyren yn destun, e.e. cael "y = " o rywbeth fel $2x + z = 3(y + 2p)$. Yn gyffredinol, mae "datrys hafaliadau" yn haws, ond cofiwch:

1) YR UN DULL YN UNION A DDEFNYDDIR GYDA FFORMIWLÂU A HAFALIADAU.
2) YR UN DILYNIANT O GAMAU A DDEFNYDDIR BOB TRO.

Eglurwn hyn drwy wneud "y" yn destun y fformiwla hon: $M = \sqrt{2K - \dfrac{K^2}{2y + 1}}$

Y Chwe Cham i'w Dilyn gyda Fformiwlâu

1) Rhaid cael gwared o unrhyw arwyddion ail isradd drwy <u>sgwario pob ochr</u>: $M^2 = 2K - \dfrac{K^2}{2y + 1}$

2) Rhaid cael gwared o bopeth ar y gwaelod drwy <u>groes-luosi â PHOB TERM ARALL</u>:

$$M^2 = 2K - \dfrac{K^2}{2y + 1} \quad \Rightarrow \quad M^2(2y + 1) = 2K(2y + 1) - K^2$$

3) Lluoswch er mwyn cael gwared o'r cromfachau: $2yM^2 + M^2 = 4Ky + 2K - K^2$

4) Casglwch y <u>termau testun</u> i gyd ar un ochr i'r "=" a'r <u>termau eraill</u> ar yr ochr arall, <u>gan gofio gwrthdroi arwydd +/− pob term fydd yn croesi'r "="</u>:

Mae +4Ky yn croesi'r "=", felly bydd yn −4Ky
Mae +M² yn croesi'r "=", felly bydd yn −M²

$$2yM^2 - 4Ky = -M^2 + 2K - K^2$$

5) <u>Cyfunwch y termau tebyg</u> ar bob ochr i'r hafaliad, a'i symleiddio i'r ffurf "<u>Ax = B</u>", lle mae A a B yn grwpiau o lythrennau NAD YDYNT yn cynnwys y testun (y). Sylwch fod yn rhaid <u>FFACTORIO</u>'r ochr chwith:

$$(2M^2 - 4K)y = 2K - K^2 - M^2$$

("Ax = B" h.y. A = $(2M^2 - 4K)$, B = $2K - K^2 - M^2$, y yw'r testun)

6) Yn olaf, <u>rhowch yr A o dan y B</u> i roi "X = B/A", (canslwch os yw'n bosibl), a dyna ni, yr ateb: Felly $y = \dfrac{2K - K^2 - M^2}{2M^2 - 4K}$

Ac un Peth Arall ...

Datryswch y canlynol i ddarganfod x:

Os gofynnir i chi ddatrys hafaliad pan fo'r <u>anhysbysyn yn sgwâr</u> yna dylech ei drin fel hafaliad cyffredin (h.y. rhowch x² = hapnewidyn, 'P' dyweder) yna ar y diwedd, darganfyddwch <u>ail isradd</u> yr ochr arall – digon syml!
Ceisiwch ddilyn yr enghraifft hon:

$$y = 3K + \dfrac{2x^2 - 3L}{2}$$
$$\Rightarrow y = 3K + \dfrac{2P - 3L}{2}$$
$$\Rightarrow P = \dfrac{2(y - 3K) + 3L}{2} = x^2 \Rightarrow x = \sqrt{\dfrac{2(y - 3K) + 3L}{2}}$$

Rydym wedi hepgor llawer o gamau yma, ond dylech allu darganfod yr hyn sydd wedi ei wneud drwy edrych drwy'r gwaith uchod.

Y Prawf Hollbwysig:
DYSGWCH Y <u>6 CHAM</u> ar gyfer <u>datrys hafaliadau</u> ac <u>ad-drefnu fformiwlâu</u>. Cuddiwch y dudalen ac ysgrifennwch nhw.

1) Ad-drefnwch y canlynol "$F = \dfrac{9}{5}C + 32$", o "F = ", i "C = " ac yna yn ôl y ffordd arall.
2) Gwnewch p yn destun y rhain: a) $\dfrac{p}{p + y} = 4$ b) $\dfrac{1}{p} = \dfrac{1}{q} + \dfrac{1}{r}$ c) $y = x^2p^2 - 3p^2$

ADRAN CHWECH — ALGEBRA YN BENNAF

Twf a Dadfeiliad Cyfansawdd

Gelwir hyn hefyd yn Dwf "Esbonyddol" neu Ddadfeiliad "Esbonyddol". Dyma'r hyn sydd raid i chi ei wybod:

Y Fformiwla

Mae'r pwnc hwn yn syml os <u>DYSGWCH Y FFORMIWLA HON</u>. Os na wnewch bydd y gwaith yn amhosibl:

$$N = N_0\left(1 + \frac{r}{100}\right)^n$$

- N — Maint presennol
- N_0 — Maint cychwynnol
- r — Newid Canrannol y dydd/awr/flwyddyn
- n — Nifer y dyddiau/oriau/blynyddoedd

Cynnydd a Lleihad y Cant

Efallai bod $(1 + r/100)$ yn edrych ychydig yn gymhleth yn y fformiwla, ond yn ymarferol mae'n ddigon hawdd:

E.e.
Cynnydd o 5% fydd 1.05   Lleihad o 5% fydd 0.95   (= 1 - 0.05)
Cynnydd o 26% fydd 1.26   Lleihad o 26% fydd 0.74   (= 1 - 0.26)

3 Enghraifft i ddangos pa mor HAWDD yw'r gwaith:

1) "Mae dyn yn buddsoddi £1000 mewn cyfrif cynilo sy'n talu 8% y flwyddyn. Faint o arian fydd yno ar ôl chwe blynedd?"

<u>ATEB</u>: Y fformiwla arferol (gweler uchod):

Cyfanswm $= 1000 \times (1.08)^6 =$ <u>£1586.87</u>

(Swm cychwynnol, Cynnydd o 8%, chwe blynedd)

2) "Mae actifedd isotop ymbelydrol yn gostwng 12% bob awr. Os yw'r actifedd cychwynnol yn 800 rhifiad y funud, beth fydd yr actifedd ar ôl 7 awr?"

<u>ATEB</u>: Yr un hen fformiwla:

Actifedd = gwerth cychwynnol$(1 - 12/100)^n$

Actifedd $= 800(1 - 0.12)^7 = 800 \times (0.88)^7 =$ <u>327 rhifiad y funud</u>

3) "Mewn sampl o facteria, mae 500 cell i ddechrau ac mae'r rhain yn cynyddu o ran nifer yn ôl 15% y dydd. Darganfyddwch fformiwla sy'n cysylltu nifer y celloedd, n, a nifer y dyddiau, d."

<u>ATEB</u>: Myn brain i, yr un hen fformiwla cynnydd cyfansawdd <u>eto</u>:

$n = n_0(1+0.15)^d$ sy'n rhoi: <u>$n = 500 \times (1.15)^d$</u>

Y Prawf Hollbwysig:

<u>DYSGWCH Y FFORMIWLA</u>. Dysgwch y <u>3 Enghraifft</u> hefyd. Yna <u>trowch y dudalen ac ysgrifennwch y cyfan</u>.

1) Mae haid o bryfed pric yn cynyddu 4% yr wythnos. Ar y dechrau roedd 30 ohonynt. Faint fydd yna ar ôl 12 wythnos?
2) Mae buanedd pêl dennis sy'n rholio ar lawr llyfn yn lleihau 16% bob eiliad. Os 5 m/s oedd y buanedd cychwynnol, darganfyddwch y buanedd ar ôl 20 eiliad. Faint o amser mae'r bêl yn gymryd i stopio?

Adran Chwech — Algebra yn Bennaf

Hafaliadau Cydamserol

Mae'r rhain yn hawdd os ydych yn dysgu'r CHWE CHAM canlynol yn fanwl.

Y Chwe Cham:

Dyma enghraifft sy'n defnyddio'r ddau hafaliad canlynol: $2x = 6 - 4y$ a $-3 - 3y = 4x$

1) AIL-DREFNWCH Y DDAU HAFALIAD YN Y FFURF: ax + by = c
lle mae a, b, c yn rhifau (gallent for yn negatif).
LABELWCH Y DDAU HAFALIAD hefyd yn —① a —②

$$2x + 4y = 6 \quad —①$$
$$-4x - 3y = 3 \quad —②$$

2) Mae angen CYDWEDDU'R RHIFAU O FLAEN (y "cyfernodau") naill ai x neu y YN Y DDAU HAFALIAD.
I wneud hyn efallai bydd rhaid i chi LUOSI un neu ddau o'r hafaliadau â rhif addas. Yna dylech eu HAIL-LABELU yn : —③ a —④

①×2 : $4x + 8y = 12$ —③
         $-4x - 3y = 3$ —④

(Mae hyn yn rhoi +4x yn hafaliad —③ i gyd-fynd â'r -4x yn hafaliad —②, a elwir nawr yn —④)

3) ADIO NEU DYNNU'R DDAU HAFALIAD ...
... i gael gwared o'r termau â'r un cyfernod.
Os yw'r cyfernodau yr UN FATH (y ddau yn bositif neu'r ddau yn negatif) yna TYNNU.
Os yw'r cyfernodau yn DDIRGROES (un yn bositif a'r llall yn negatif) yna ADIO.

③+④ $0x + 5y = 15$ (Yn yr achos hwn mae gennym +4x a -4x felly rydym yn ADIO)

4) DATRYS YR HAFALIAD i gael gwerth y llythyren sydd ar ôl ynddo.

$$5y = 15 \Rightarrow y = 3$$

5) RHOI'R GWERTH HWN yn hafaliad ① a'i ddatrys i gael gwerth y llythyren arall.

Rhowch werth y yn ①: $2x + 4 \times 3 = 6 \Rightarrow 2x + 12 = 6 \Rightarrow 2x = -6 \Rightarrow x = -3$

6) Yna AMNEWID Y DDWY LYTHYREN AM EU GWERTHOEDD YN HAFALIAD ② i sicrhau eu bod yn werthoedd cywir. Os nad ydynt, rydych wedi gwneud camgymeriad a bydd raid i chi ddechrau eto!

Rhowch werthoedd x ac y yn ②: $-4 \times -3 - 3 \times 3 = 12 - 9 = 3$

sy'n gywir, felly mae wedi gweithio.

Felly, y datrysiadau yw: $x = -3$, $y = 3$

Y Prawf Hollbwysig:
DYSGWCH y 6 Cham ar gyfer datrys Hafaliadau Cydamserol.

Cofiwch, dim ond pan fyddwch yn gallu eu hysgrifennu oddi ar eich cof y byddwch wedi eu dysgu'n iawn, felly cuddiwch y dudalen a rhowch gynnig arni. Yna defnyddiwch y 6 cham i ddarganfod F ac G o wybod bod $2F - 10 = 4G$ a $3G = 4F - 15$

ADRAN CHWECH — ALGEBRA YN BENNAF

Hafaliadau Cydamserol gyda Graffiau

Ar y dudalen gyferbyn dangosir y _dull algebra cymhleth_ ar gyfer datrys hafaliadau cydamserol.
Ar y dudalen hon dangosir y _dull hawdd_ o'u datrys drwy ddefnyddio _graff_.
Mae'n bosibl y gofynnir i chi ddefnyddio'r _naill ddull neu'r llall_ yn yr Arholiad felly gofalwch eich bod yn _dysgu'r ddau_.

Datrys Hafaliadau Cydamserol Gan Ddefnyddio Graffiau

Mae hon yn ffordd hawdd iawn o ddarganfod datrysiadau x ac y dau hafaliad cydamserol. Dyma'r rheol syml:

> **DATRYSIAD DAU HAFALIAD CYDAMSEROL YW GWERTHOEDD X AC Y LLE MAE EU GRAFFIAU YN CROESI**

Dull Tri Cham

1) Gwnewch "_DABL 3 GWERTH_" ar gyfer y ddau hafaliad.
2) Lluniwch y Ddau _GRAFF_.
3) Darganfyddwch werthoedd X ac Y _LLE MAE'R GRAFFIAU'N CROESI_.

Digon hawdd!

Enghraifft

"Lluniwch graffiau "Y = 2X + 3" ac "Y = 6 − 4X" ac yna defnyddiwch eich graffiau i'w datrys."

1) TABL 3 GWERTH (Gweler T.73) ar gyfer y ddau hafaliad:

X	0	2	-2
Y	3	7	-1

X	0	2	3
Y	6	-2	-6

2) LLUNIWCH Y GRAFFIAU:
3) LLE MAE'R GRAFFIAU'N CROESI, $x = \frac{1}{2}, y = 4$.

A dyna'r ateb!

$x = \frac{1}{2}$ ac $y = 4$

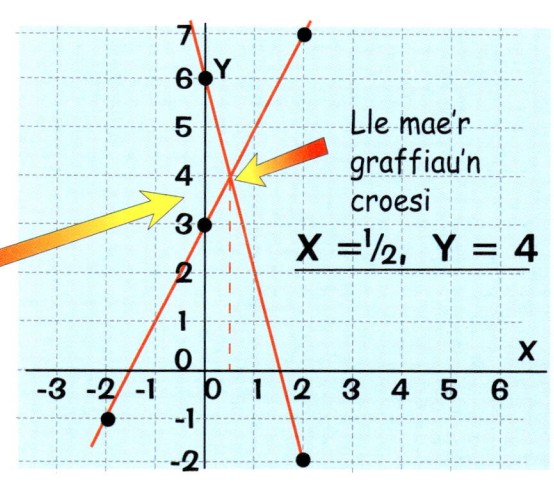

Lle mae'r graffiau'n croesi
$X = \frac{1}{2}, Y = 4$

Y Prawf Hollbwysig:

DYSGWCH y Rheol Syml a'r _dull 3 cham_ ar gyfer _datrys hafaliadau cydamserol_ gan ddefnyddio _GRAFFIAU_.

1) Cuddiwch y dudalen ac ysgrifennwch y Rheol Syml a'r dull 3 cham.
2) Defnyddiwch graffiau i ddarganfod datrysiadau'r parau hyn o hafaliadau:
   a) Y = 4x − 4   ac   Y = 6 − X
   b) Y = 2x   ac   Y = 6 − 2x

Datrys Hafaliadau Gan Ddefnyddio Graffiau

Yn yr Arholiad efallai y gofynnir i chi ddatrys hafaliad gan ddefnyddio graff. Nid yw'r cwestiynau hyn yn rhy anodd cyn belled â'ch bod yn gwybod sut i'w trin. Dysgwch y gwaith hwn i gyd:

Yr Atebion yw'r mannau lle mae gwerth Y yn cyffwrdd â'r Graff

Bydd cwestiwn nodweddiadol yn cynnwys <u>hafaliad cymhleth-yr-olwg</u> fel hwn: $y = x^3 + 2x^2 + 4$ a <u>graff</u> wedi ei lunio eisoes (neu bydd y rhan fwyaf o'r graff wedi ei lunio i chi). Yna byddwch yn cael cwestiwn tebyg i'r canlynol:

"<u>O'r graff, darganfyddwch werth x sy'n gwneud y = 8</u>"

Dyma sut y mae gwneud hyn:

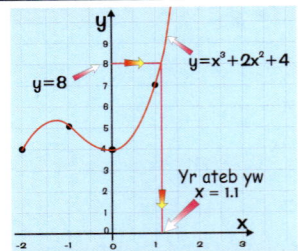

Y Dull Hawdd Pedwar Cam

1) Lluniwch neu gwblhewch y <u>GRAFF</u> o'r <u>TABL GWERTHOEDD</u>. (Gweler T.72)
2) Tynnwch linell <u>AR DRAWS</u> o <u>ECHELIN Y</u> yn y gwerth <u>A RODDIR</u>.
3) Yn y pwynt lle mae'n <u>croesi'r graff</u>, tynnwch linell (neu linellau) <u>I LAWR</u> at <u>ECHELIN X</u>.
4) <u>DARLLENWCH</u> y <u>GWERTHOEDD X</u> – dyma'r <u>ATEBION</u>.

Enghraifft

"Cwblhewch y tabl gwerthoedd a ddangosir ar gyfer yr hafaliad $y = 25x - 5x^2$. Plotiwch y pwyntiau a lluniwch y graff. Defnyddiwch y graff i ddarganfod gwerthoedd x pan yw y = 25."

X	0	1	2	3	4	5
Y		20				0

Ateb

1) Cwblhewch y <u>tabl gwerthoedd</u> a <u>lluniwch y graff</u>. Sylwch ar y <u>gromlin lefn</u> a'r <u>pigyn crwm</u> PEIDIWCH BYTH â chysylltu'r ddau bwynt ger y pigyn â <u>llinell syth</u> gwirion.

X	0	1	2	3	4	5
Y	0	20	30	30	20	0

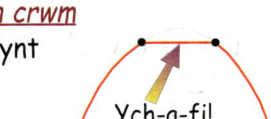
Ych-a-fi!

2) <u>Tynnwch linell AR DRAWS</u> o echelin Y (gan ddefnyddio'r <u>gwerth y a roddir</u>, sef <u>25</u>).
3) Yn y pwynt lle <u>MAE'N CYFFWRDD Â'R GROMLIN</u>, ewch <u>I LAWR</u> hyd at <u>echelin X</u>.
4) <u>Darllenwch y gwerthoedd X</u>. Mae mor hawdd â hynny.

Felly, o'r graff rydym yn cael yr <u>ATEBION</u>, sef   X = 1.4 neu X = 3.6

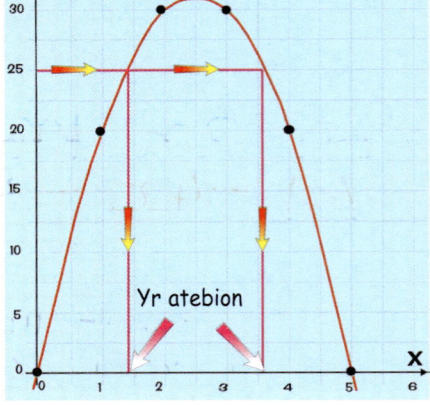

Y Prawf Hollbwysig: DYSGWCH y <u>pennawd pwysig cyntaf</u>, y <u>Dull Pedwar Cam</u> a'r holl <u>fanylion</u> ar y <u>ddau graff</u>.

Cuddiwch y dudalen ac ysgrifennwch bopeth rydych chi wedi ei ddysgu.
1) Gan ddefnyddio'r graff uchod ar gyfer $y = 25x - 5x^2$, darganfyddwch werthoedd x sy'n rhoi y = 15.
2) Gwnewch dabl gwerthoedd a graff ar gyfer $y = 2x^3 - 3x$. Darganfyddwch werth x pan yw y = 12.

Graffiau Teithio

Dyma dudalen o waith sy'n ddigon hawdd.

Graffiau Teithio — Bob amser yr un fath a phob amser yn Hawdd

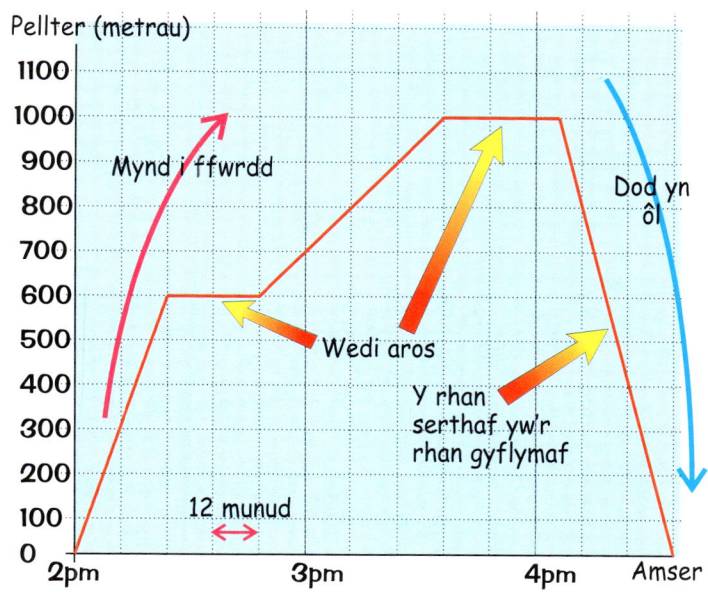

1) Gofalwch eich bod yn gwybod yr *holl fanylion hyn* am graffiau teithio.

2) Yn ogystal â hyn, gofalwch bob tro eich bod yn gwybod yn union *faint o amser* y mae pob cyfwng ar yr echelin Amser yn ei gynrychioli. Yn y graff hwn mae *5 rhaniad* ar gyfer pob *awr*, felly mae'n rhaid bod pob un yn *12 munud* (60 ÷ 5).

Y CHWE PHWYNT ALLWEDDOL YNGLŶN Â GRAFFIAU TEITHIO:

1) Mae GRAFF TEITHIO bob amser yn graff PELLTER (↑) yn erbyn AMSER (→).
2) Ar gyfer unrhyw ran, GOLEDD (graddiant) = BUANEDD, ond byddwch yn ofalus gyda'r UNEDAU.
3) Yn y RHANNAU FFLAT mae'r teithio WEDI AROS.
4) PO SERTHAF yw'r graff, CYFLYMAF YN Y BYD yw'r symudiad.
5) Ystyr y RHANNAU AR I FYNY yw bod y TEITHIO yn SYMUD ODDI WRTH y man cychwyn.
6) Ystyr y RHANNAU AR I LAWR yw bod y TEITHIO yn DOD YN ÔL i'r man cychwyn.

Cwestiwn Cymhleth Nodweddiadol:

"Beth yw buanedd y rhan 'dychwelyd' ar y graff uchod?"

ATEB Buanedd = graddiant
= 1000 m/30 munud = 33.33 m/mun (metr y funud)
neu 1 km ÷ ½ awr = 2 km/awr (cilometr yr awr)
neu 1000 m ÷ 1800 s = 0.56 m/s (metr yr eiliad)
Sylwch fod yr ateb (a'i unedau) yn dibynnu llawer ar ba unedau a ddefnyddir i gyfrifo'r ateb.

(Gweler T. 54 ar Unedau)

Y Prawf Hollbwysig:

DYSGWCH yr holl fanylion ar y graff uchod ac yna'r Chwe Phwynt Allweddol ar gyfer Graffiau Teithio.

Nawr cuddiwch y dudalen ac ysgrifennwch bopeth rydych chi wedi ei ddysgu.
1) Ar gyfer y graff teithio uchod, cyfrifwch fuanedd y rhan ganol, mewn km/awr.
2) Hefyd, disgrifiwch y dilyniant cyfan o ddigwyddiadau rhwng 2 pm a 4:36 pm.

ADRAN CHWECH — ALGEBRA YN BENNAF

Anhafaleddau

Yn sylfaenol mae'r gwaith hwn yn eithaf anodd, ond er hynny mae'n werth dysgu'r rhannau hawdd rhag ofn i chi gael cwestiwn hawdd yn yr Arholiad. Dyma'r rhannau hawdd:

Y 4 Symbol Anhafaledd:

Mae > yn golygu "Yn fwy na"   Mae ≥ yn golygu "Yn fwy na neu'n hafal i"
Mae < yn golygu "Yn llai na"   Mae ≤ yn golygu "Yn llai na neu'n hafal i"

COFIWCH, yr un ar y pen AGORED yw'r MWYAF

felly mae "X > 4" ac "4 < X" yn golygu: "Bod X yn fwy na 4"

Algebra ag Anhafaleddau — fel arfer mae hwn braidd yn gymhleth

Yr hyn sydd raid i chi ei gofio yma yw bod anhafaleddau yn debyg iawn i hafaliadau cyffredin:

$$5X < X + 2$$
$$5X = X + 2$$

yn yr ystyr fod holl reolau arferol algebra yn dal i weithio (gweler T.84) …
…AR WAHÂN I UN EITHRIAD PWYSIG:

Bob tro rydych yn LLUOSI NEU'N RHANNU Â RHIF NEGATIF, mae'n rhaid i chi DROI'R ARWYDD ANHAFALEDD O CHWITH.

Enghraifft: "Datryswch 5X < 6X + 2"

ATEB: Yn gyntaf symudwch y 6X dros yr "<": $5X - 6X < 2$
Wrth gyfuno'r termau X cewch: $-X < 2$

Er mwyn cael gwared o'r "-" o flaen yr X mae angen i chi rannu'r ddwy ochr â -1 – ond cofiwch fod hyn yn golygu bod yn rhaid troi'r "<" o chwith hefyd, sy'n rhoi:

$X > -2$ h.y. yr ateb yw "Mae X yn fwy na -2"

(Mae'r < wedi ei droi o chwith i roi >, gan ein bod wedi rhannu â rhif negatif)
Gellir dangos yr ateb hwn, $X > -2$, fel rhanbarth wedi'i raddliwio ar linell rif fel hyn:

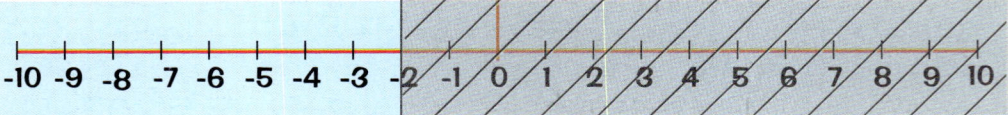

Y prif beth i'w sylweddoli yw mai'r cwbl sydd raid ei wneud Y RHAN FWYAF O'R AMSER yw trin yr "<" neu'r ">" fel arwydd "=", a dal ati i wneud yr algebra arferol fyddech chi'n ei wneud â hafaliadau cyffredin. Nid yw'r "Eithriad Pwysig" yn dod i'r golwg yn aml o gwbl.

Y Prawf Hollbwysig:
DYSGWCH: Y 4 Symbol Anhafaledd, y tebygrwydd rhyngddynt a HAFALIADAU a'r Un Eithriad Pwysig

Nawr trowch y dudalen ac ysgrifennwch yr hyn rydych wedi ei ddysgu.
1) Datryswch yr anhafaledd hwn: $4X + 3 \leq 6X + 7$.
2) Darganfyddwch holl werthoedd cyfanrifol X sy'n bodloni $2X + 9 \geq 1$ a $4X < 6 + X$

Anhafaleddau Graffigol

Mae'r gwaith hwn yn hawdd os cofiwch y dull hawdd o lunio graffiau – h.y. y tabl 3 gwerth (gweler T.73).

Mae'r cwestiynau bob amser yn cynnwys <u>GRADDLIWIO RHANBARTH AR GRAFF</u>, sydd yn waith hawdd mewn gwirionedd, ond mae'r gwaith bob amser yn cael ei gyflwyno ar ffurf algebra cymhleth-yr-olwg sy'n dychryn pobl hyd yn oed cyn dechrau.

Os cofiwch nad yw'r algebra cymhleth-yr-olwg hwn yn ddim ond rhywbeth syml iawn, yna bydd yr holl gwestiwn yn rhyfeddol o hawdd.

Dull

1) <u>TRAWSNEWIDIWCH bob ANHAFALEDD yn HAFALIAD</u>
   drwy roi "=" yn lle pob "<"

2) <u>LLUNIWCH DABL 3 GWERTH AR GYFER POB HAFALIAD</u> (gweler T.73)
   yna lluniwch y llinellau ar y graff.

3) <u>TYWYLLWCH Y RHANBARTH SY'N CAEL EI AMGÁU</u>
   Bydd y llinellau rydych chi wedi eu llunio bob amser yn amgáu'r rhanbarth y gofynnir amdano – a gofynnir i chi ei <u>raddliwio</u> bron bob tro.

Enghraifft

"Graddliwiwch y rhanbarth a gynrychiolir gan: $y < x + 2$, $x + y < 5$ ac $y > 0$ "
                    (Algebra cymhleth-yr-olwg)

<u>ATEB</u>:

1) <u>TRAWSNEWIDIWCH BOB ANHAFALEDD YN *HAFALIAD*</u>:
   Bydd $y < x + 2$ yn $y = x + 2$,
   Bydd $x + y < 5$ yn $x + y = 5$,
   Bydd $y > 0$ yn $y = 0$

2) <u>LLUNIWCH DABL 3 GWERTH</u> ar gyfer pob hafaliad, a lluniwch y llinellau ar graff.
   e.e. ar gyfer $y = x + 2$:

X	0	2	4
Y	2	4	6

3) <u>GRADDLIWIWCH Y RHANBARTH SY'N CAEL EI AMGÁU</u>, a dyna'r gwaith wedi ei orffen.

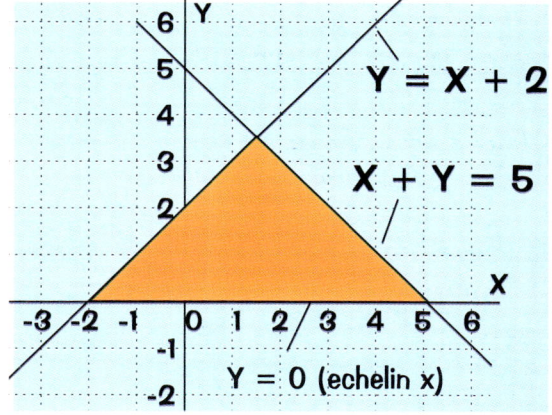

Y Prawf Hollbwysig:
DYSGWCH Y <u>Tri Cham</u> ar gyfer datrys <u>anhafaleddau graffigol</u>, yna <u>trowch y dudalen ac ysgrifennwch nhw</u>.

1) Ar graff, dangoswch y rhanbarth a amgaeir gan y tair amod ganlynol:
   $X + Y < 6$, $Y > 0.5$, $Y < 2X - 2$

Crynodeb Adolygu Adran Chwech

Adran Chwech yw'r adran galetaf! Er hynny, fodd bynnag, mae'n rhaid i chi ddysgu'r gwaith. Dyma'r set olaf o gwestiynau i brofi faint ydych chi'n ei wybod. Cofiwch fod yn rhaid i chi ddal ati i wneud y cwestiynau _drosodd a thro_. Y _math gorau posibl o adolygu_ y gallwch chi ei wneud yw gofalu eich bod yn gallu gwneud y cwestiynau hyn.

Daliwch ati i ddysgu'r ffeithiau sylfaenol hyn nes byddwch yn eu gwybod.

1) Rhowch y 2 reol ar gyfer rhifau negatif a dywedwch pryd y dylai'r ddwy gael eu defnyddio.
2) Rhestrwch 5 cyfuniad o lythrennau sy'n gallu cymhlethu pethau mewn algebra, e.e. mn^2.
3) Beth yw ffurf gyffredin rhif sydd wedi ei fynegi yn y ffurf safonol?
4) Rhowch y tair rheol ar gyfer mynegi rhif yn y ffurf safonol.
5) Pa fotwm ar y cyfrifiannell a ddefnyddir i fewnbynnu rhifau yn eu ffurf safonol?
6) Beth yw'r tric ar gyfer ysgrifennu rhif sydd yn ei ffurf safonol ar ddangosydd y cyfrifiannell?
7) Rhowch y 3 rheol ar gyfer cyfuno pwerau.
8) Rhowch y 4 rheol arall ar gyfer pwerau.
9) Eglurwch beth yw ail isradd. Eglurwch beth yw trydydd isradd.
10) Nodwch 4 cam y dull o roi rhifau mewn fformiwlâu.
11) Pam y mae CORLAT yn berthnasol wrth roi rhifau mewn fformiwla?
12) Mewn algebra, beth yw term?
13) Rhestrwch y 4 cam ar gyfer symleiddio (casglu termau tebyg).
14) Rhestrwch y 4 manylyn mwyaf pwysig sy'n berthnasol wrth luosi cromfachau.
15) Canslwch yr hafaliad hwn i'w ffurf symlaf: $2(y + 1) = \dfrac{3x\,((x - 2) \times (12x^2 + 6))}{9x(x - 2)}$
16) Beth sy'n digwydd gyda chromfachau dwbl neu gromfachau sydd wedi eu sgwario?
17) Beth yw'r 3 cham yn y dull ar gyfer ffactorio?
18) Beth sydd yn rhaid i chi ei wneud wrth ffactorio hafaliad cwadratig?
19) Sut y gallwch chi wirio eich ateb?
20) Sut yn union y mae darganfod datrysiadau hafaliad cwadratig ar ôl ei ffactorio?
21) Rhestrwch y 4 cam ar gyfer datrys hafaliad drwy ddefnyddio'r dull cynnig a gwella.
22) Beth yw'r ddau ddull arall hawdd ar gyfer delio â hafaliadau syml?
23) Dangoswch pa mor dda rydych am ddefnyddio'r dulliau hyn drwy wneud enghraifft o bob un.
24) Beth sy'n gyffredin rhwng datrys hafaliadau ac aildrefnu fformiwlâu?
25) Rhestrwch 6 cham y dull o drin hafaliadau a fformiwlâu.
26) Beth yw ystyr $Ax = B$?
27) Gan ddechrau gyda'r hafaliad yn "Ac un peth arall" ar T.90, datryswch yr hafaliad i ddarganfod x gan ddangos pob cam.
28) Beth yw'r fformiwla ar gyfer twf a dadfeiliad cyfansawdd?
29) Rhowch dair enghraifft bwysig i ddangos sut mae'r dull bob amser yr un fath.
30) Beth yw hafaliadau cydamserol? Rhowch enghraifft.
31) Rhowch ddisgrifiad manwl o 6 cham y dull o ddatrys hafaliadau cydamserol.
32) Rhowch ddisgrifiad manwl o 3 cham y dull ar gyfer datrys hafaliadau cydamserol gan ddefnyddio graffiau.
33) Rhowch y dull pedwar cam ar gyfer datrys hafaliadau gan ddefnyddio graffiau.
34) Rhowch y chwe manylyn pwysig ynglŷn â graffiau teithio.
35) Beth sy'n digwydd i unedau pan fyddwch yn cyfrifo buanedd wrth ddefnyddio graff teithio?
36) Beth yw'r pedwar symbol anhafaledd? Nodwch eu hystyr.
37) Ysgrifennwch reolau algebra ar gyfer anhafaleddau?
38) Beth yw'r eithriad pwysig?
39) Beth yw'r 3 cham wrth ymwneud ag anhafaleddau graffigol?
40) Beth yw ystyr _bywyd_? Pam ydym ni yma? A pham mae'n rhaid gwneud cymaint o algebra?

Atebion

ADRAN UN

T1 Dilyniannau Arbennig o Rifau:
1)a) EILRIFAU: 2,4,6,8,10,12,14,16,18,20,22,24,26,28,30   b) ODRIFAU: 1,3,5,7,9,11,13,15,17,19,21,23,25,27,29
c) RHIFAU SGWÂR: 1,4,9,16,25,36,49,64,81,100,121,144,169,196,225   ch) RHIFAU CIWB: 1,8,27,64,125,216,343, 512,729,1000,1331,1728,2197,2744,3375   d) PWERAU 2: 2, 4, 8, 16, 32, 64, 128, 256, 512, 1024, 2048, 4096, 8192, 16384, 32768; PWERAU 10: 10, 100, 1000, 10 000, 100 000, 1 000 000, 10 000 000, 100 000 000, 1 000 000 000, 10 000 000 000, 100 000 000 000, 1 000 000 000 000, 10 000 000 000 000, 100 000 000 000 000, 1 000 000 000 000 000 hmm... dd) Rhifau TRIONGL: 1,3,6,10,15,21,28,36,45,55,66,78,91,105,120   2) a) 56, 134, 156, 36, 64
b) 23, 45, 81, 25, 97, 125, 1   c) 81, 25, 36, 1, 64   ch) 125, 1, 64   d) 64   dd) 45, 36, 1

T2 Lluosrifau, Ffactorau, Ffactorau Cysefin: 1) 7,14,21,28,35,42,49,56,63,70 a 9,18,27,36,45,54,63,72,81,90
2) 1,2,3,4,6,9,12,18,36 ac 1,2,3,4,6,7,12,14,21,28,42,84   3) 990 = 2×3×3×5×11, 160 = 2×2×2×2×2×5

T3 LL.C.Ll. ac FF.C.M.: 1) 8,16,24,32,40,48,56,64,72,80 a 9,18,27,36,45,54,63,72,81,90   LL.C.LL. = 72
2) 1,2,4,7,8,14,28,56 ac 1,2,4,8,13,26,52,104   FF.C.M. = 8   3) 63   4) 12

T4 Rhifau cysefin: 1) 2,3,5,7,11,13,17,19,23,29,31,37,41,43,47
2) 97, 101, 103, 107, 109

T5 Ffracsiynau, Degolion, Canrannau: Gweler tabl ar y dde:

Ffracsiwn	Degolyn	Canran
1/5	0.2	20%
7/20	0.35	35%
9/20	0.45	45%
3/25	0.12	12%
1/8	0.125	12.5%
77/100	0.77	77%

T6 Talgrynnu: 1) 3.57   2) 0.05   3) 12.910   4) 3546.1
T7 Talgrynnu: 1) a) 3.41   b) 1.05   c) 0.07   ch) 3.60   2 a) 568 (Rheol 3)
b) 23400 (Rheol 3)   c) 0.0456 (Rheol 1 a 3)   ch) 0.909 (Rheol 1, 2 a 3)
3) 16 troedfedd 6 modfedd i 17 troedfedd 6 modfedd.   **T9 Manwl gywirdeb:** 1) a) 35g   b) 134 mya   c) 850g
ch) 76cm   2) a) Tua 600 milltir × 150 milltir = 90,000 milltir sgwâr   b) Tua 7 cm × 7 cm × 12 cm o uchder = 590 cm^3
3) a) Ateb cywir = 5.831. Derbyn unrhyw ateb o 5.5 i 5.9   b) 2.236. derbyn 2.1 i 2.5   c) 7.810. derbyn 7.5 i 7.99
ch) 4.690. derbyn 4.5 i 4.9

T10 Ffactorau Trawsnewid: 1) 2,300m   2) £34   3) 3.2cm
T11 Unedau Metrig ac Imperial: 1) 15.75 litr   2) 200 neu 220 llath   3) 115 cm   4) 62.9c y litr   5) 104 km/awr
T13 Ffracsiynau: 1a) 3/8   b) 2$^{7/10}$ c) 11/15   ch) x = 13   d) y = 1   dd) 0.375   e) 35/1000 = 7/200
2a) 8/15   b) 8/3 = 2$^{2/3}$ c) 1/2   ch) 3/7   d) 84   dd) 84$^{12/19}$

T15 Canrannau: 1) Math 2, elw = £2, 40%   2) Math 1, £42.30   3) Math 3, £20,500
T19 Botymau Cyfrifiannell: 1) Gweler T.17   2) [17][X²][=]   3) [(−)][5][×][(−)][8][=]   neu [5][+/−][×][8][+/−][=]
4) Gweler T.17   5) Ffracsiynau   6) [6][x^y][8][=]   7) [6][EXP][8][=]   8) DEG (neu D)
T20 Patrymau Rhif: 2 a) 162, 486   b) 18, 29   c) 23, 30   ch) 16, 8
T21 Darganfod yr nfed Term: 1 a) 3n + 1   b) 5n − 2   c) ½ n(n+1)   ch) n² − 2n + 4

ADRAN DAU

T23 Polygonau Rheolaidd: 1)–4) Gweler T.23   5) Ongl allanol = 72°, ongl fewnol = 108°   6) Ongl allanol = 30°, ongl fewnol = 150°

T25 Cymesuredd:
H: 2 linell cymesuredd, cymesuredd cylchdro trefn 2,   N: 0 llinell cymesuredd, cymesuredd cylchdro, trefn 2
E: 1 llinell cymesuredd, dim cymesuredd cylchdro,   Y: 1 llinell cymesuredd, dim cymesuredd cylchdro
M: 1 llinell cymesuredd, dim cymesuredd cylchdro,   O: 2 linell cymesuredd, cymesuredd cylchdro trefn 2
S: 0 llinell cymesuredd, cymesuredd cylchdro, trefn 2.   T: 1 llinell cymesuredd, dim cymesuredd cylchdro

T28 Cwestiynau ar Gylchoedd: 1) Arwynebedd = 154cm²   Cylchedd = 44.0 cm   2) A = 113m²,   C = 37.7m
T29 Perimedrau ac Arwynebeddau: 2) Perimedr = 49.7 cm   Arwynebedd = 129.3 cm²
T30 Cyfaint neu Gynhwysedd: a) Prism Trapesoid, C = 148.5 cm³   b) Silindr, C = 0.70 m³
T31 Solidau a Rhwydi: 1) 128.8cm²   2) 294cm²   3) 174cm²   4) 96cm²
T32 Hyd, Arwynebedd a Chyfaint: 1) πr² = Arwynebedd,   Lwh = Cyfaint,   πd = Perimedr,   ½ bh = Arwynebedd,
2bh + 4lp = Arwynebedd,   4r²p + 3πd³ = Cyfaint,   2πr(3L + 5T) = Arwynebedd

P34 Trawsffurfiadau: A→B,   Cylchdro o 90° yn glocwedd o amgylch y tardd.
B→C,   Adlewyrchiad yn llinell Y = X   C→A,   Adlewyrchiad yn echelin Y-axis.   A→D, Trawsfudiad o $\binom{-9}{-7}$

T35 Cyfuniadau o Drawsffurfiadau:
1) C→D, Adlewyrchiad yn echelin Y, a helaethiad Ffactor Graddfa 2, canol yn y tardd
D→C, Adlewyrchiad yn echelin Y, a helaethiad Ffactor Graddfa ½, canol yn y tardd
2) A'→B, Cylchdro 180° yn glocwedd neu wrthglocwedd o amgylch y pwynt (0,3).
T37 Geometreg: 1) z = 65°   2) 360°   3) 540°   4) 120° a 60° bob tro
T40 Nodiant Tair Llythyren ar gyfer Onglau: 1) BAC = 35°   a) DAC = 30°   b) BAD = 65°
T41 Tafluniadau, Cyfathiant a Chyflunedd: 1) Gweler T.41 a gwirio ei fod yn edrych yn iawn.
2) a) Mae i, ii ac iv yn gyflun.   b) Mae i ac ii yn gyfath.

Atebion

ADRAN TRI

T43 Cyfeiriannau: 1) 118° 2) 298° T45 Pythagoras: 1) BC = 8m, 2) Mae 5m, 12m, 13m yn driongl ongl sgwâr gan fod $a^2 + b^2 = h^2$ yn gweithio.. T47 Trigonometreg: 1) X = 26.5m 2) 23.6° 3) 32.60° (y ddau)

T51 Cymarebau: 1a) 5:7 b) 2:3 c) 3:5 2) 17½ dysglaid o uwd 3) £3500 : £2100 : £2800

T53 Dwysedd a Buanedd: 1) Gweler Tud.50 2) 16.5 g/cm³ 3) 603g 4) T.50 5) Amser = 7½ awr   Pellter = 11.2km

T54 Dau Awgrym wrth Ddefnyddio Fformiwlâu: 1) 1 awr 37 munud 51 eiliad

ADRAN PEDWAR

T56 Tebygolrwydd: 1) ¾ T57 Tebygolrwydd – Diagramau Coeden: 2) 8/15

T59 Graffiau a Siartiau: 2) Mochyn Cwta 68°, Cwningen 60°, Hwyaden 104°, Pryf pric 48° 3) Nid oes unrhyw fath o gysylltiad rhyngddynt, h.y. dim cydberthyniad.

T60 Diagramau Coesyn a Deilen a Dosraniad: 1) Sampl yn rhy fychan. Nid yw traffyrdd yn rhoi cynrychioliad teg o'r gyrrwr cyffredin. Wedi ei gynnal ar un adeg o'r dydd yn unig ac mewn un lle. Ddim yn hawdd cael oedran cywir o edrych ar rif y car. Dull gwell: Arolwg mwy manwl sy'n delio â'r holl broblemau uchod – gallai holi pobl sydd newydd brynu disgiau treth mewn Swyddfeydd Post fod yn syniad da. Byddai samplu haenedig neu samplu cwota yn hanfodol wrth ddewis y Swyddfeydd Post.

T61 Cymedr, Canolrif, Modd ac Amrediad: Yn gyntaf, gwnewch hyn: -14, -12, -5, -5, 0, 1, 3, 6, 7, 8, 10, 14, 18, 23, 25
Cymedr = 5.27, Canolrif = 6, Modd = -5, Amrediad = 39

T62 Tablau Amlder:

Nifer y Teleffonau	0	1	2	3	4	5	6	CYFANSYMIAU
Amlder	1	25	53	34	22	5	1	141
Nifer x Amlder	0	25	106	102	88	25	6	352

Cymedr = 2.5, Canolrif = 2, Modd = 2, Amrediad = 6

T63 Tablau Amlder Grŵp:

Hyd (cm)	15.5 –	16.5 –	17.5 –	18.5 – 19.5	CYFANSYM
Amlder	12	18	23	8	61
Gwerth Canol Cyfwng	16	17	18	19	—
Amlder x GCC	192	306	414	152	1064

Cymedr = 17.4, Grŵp Moddol = 17.5 – 18.5, Canolrif ≈ 17.5

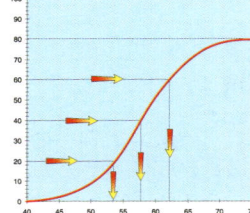

T64/65 Amlder Cronnus:

Pwysau (kg)	41 – 45	46 – 50	51 – 55	56 – 60	61 – 65	66 – 70	71 – 75
Amlder	2	7	17	25	19	8	2
Amlder Cronnus	2	9	26	51	70	78	80

Canolrif = 58 kg, Chwartel Isaf = 53 kg, Chwartel Uchaf = 62 kg, Amrediad Rhyngchwartel 9 kg

T66 CYFRES AMSER: 1)a) cyfnod = 4 mis b) Darganfod cyfartaledd y darlleniadau o fisoedd 1-4, yna'r cyfartaledd o fisoedd 2-5, yna o fisoedd 3-6, ayyb (a gallech blotio'r rhain ar graff i weld y duedd.)

ADRAN PUMP

T72 Darganfod Graddiant Llinell: Graddiant = $-1\frac{1}{2}$

T68 Cyfesurynnau X ac Y: 1) A(4,5) B(6,0) C(5,-5) D(0,-3) E(-5,-2) F(-4,0) G(-3,3) H(0,5)

T69 Graffiau Hawdd y Dylech eu Gwybod: 1) a) y = x b) y = –x c) y = 2 d) y = ½ x   2)

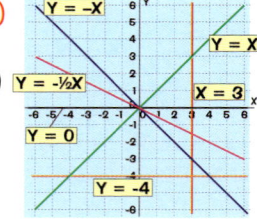

T73 Plotio Graffiau Llinell Syth: T74 Plotio Graffiau Llinell Syth:

1)
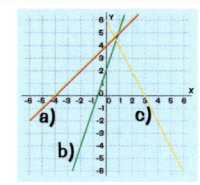

1)
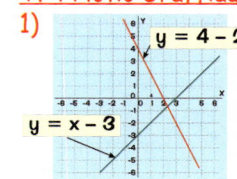

2)
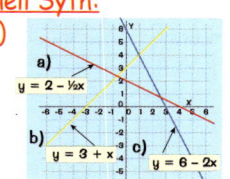

3) N = (10, 7.5)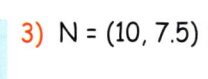

T76 Cwestiynau Cyffredin ar Graffiau:

x	-2	-1	0	1	2	3	4	5	6
y	15	8	3	0	-1	0	3	8	15

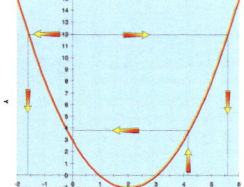

2) Y = 3.8, X = -1.6 a 5.6   3) Milltiroedd y Galwyn, h.y. tanwydd a ddefnyddiwyd

ADRAN CHWECH

T78 Rhifau Negatif: 1a) +12 (Rheol 1)   b) -6 (Rheol1/Rheol 2)   c) X (Rheol 2, yna Rheol 1)   ch) -3 (Rheol 1)
2a) +18 (Rheol 1)   b) -216 (Rheol 1)   c) 2 (Rheol 2)   ch) -27 (Rheol 1)   d) -336 (Rheol 1 yna Rule 2)

T80 Ffurf Safonol: 1) Gweler T.79   2) 9.58×10^5 3) 1.8×10^{-4} 4) 4560   5) 2×10^{21}, 2,000,00.....(21 seros!)

T81 Pwerau: 1) a) 3^8 b) 4   c) 8^{12} ch) 1   e) 7^6 2) a) 5^{12} b) 36 or 6^2 c) 2^5 3) 6

Atebion

T82 Ail Israddau a Thrydydd Israddau: 1)a) 7.48 a -7.48 b) 7.66 c) 14.14 a -14.14 ch) 20 2a) g = 6 neu -6 b) b = 4 c) r = 3 neu -3   T83 Amnewid: 2) 25°C   T85 Algebra Sylfaenol: 1)a) $4x + y - 4$ b) $4y^2 - 2k + 2$ c) $2x + 2$ 2) a) $6p^2q - 8pq^3$ b) $8g^2 + 16g - 10$ c) $16 - 24h + 9h^2$ 3) a) $7xy^2(2xy + 3 - 5x^2y^2)$ b) $6h^2j(2j^2 + h^2jk - 6hk)$

T86 Hafaliadau Cwadratig: 1)a) X = -2 neu -3 b) x = -6 neu -2 c) x = 3 neu -8 ch) x = 7 neu -1

T87 Cynnig a Gwella: 1) X = 1.6   T88 Hafaliadau Hawdd: 1) x = 8 2) x = 7

T89 Datrys Hafaliadau: 1)a) X = 2 b) X = -0.2

T90 Fformiwlâu: 1) $C = \frac{5}{9}(F - 32)$, $F = \frac{9}{5}C + 32$ 2) a) $p = -4y/3$ b) $p = rq/(r+q)$ c) $p = \sqrt{\frac{y}{x^2 - 3}}$

T91 Twf a Dadfeiliad Cyfansawdd: 1) 48 pryf pric 2) 0.15m/s. Am byth.

T92 Hafaliadau Cydamserol: F = 3 G = -1   T93 Haf. Cyd. gyda Graffiau: 2)a) x=2, y=4 b) x=1½, y=3

T94 Datrys Hafaliadau gyda Graffiau: 1) x = 0.7 neu 4.3 2) x=2.1

T95 Graffiau Teithio: 1) 0.5 km/awr 2) Mawredd mawr! Gofynnwch i'r athro/athrawes.

T96 Anhafaleddau: 1) X ≥ -2 2) -4, -3, -2, -1, 0, 1

T97 Anhafaleddau Graffigol: 2)

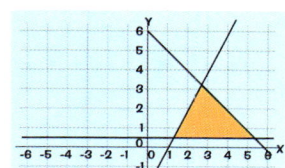 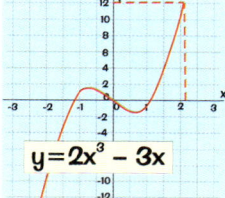 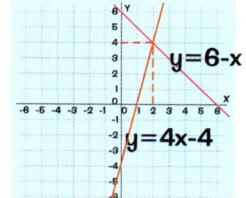 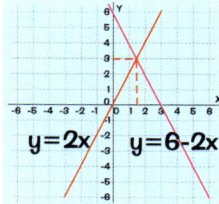

Mynegai

A
adlewyrchiadau 24, 34, 35
adlog 91
ail-drefnu fformiwlâu 90
ail israddau 17, 45, 81-82, 89-90
ail israddau negatif 82
algebra 78, 83, 84, 85, 96, 97
algebra cymhleth-yr-olwg 97
algebra sylfaenol 84, 85
amcangyfrif 8, 9
amcangyfrif ail israddau 9
amcangyfrif arwynebeddau a chyfeintiau 9
amlder 58, 62-65
amlder cronnus 64, 65
amnewid 83, 87, 92
amrediad 61, 62
amrediad rhyngchwartel 65
anhafaleddau 96, 97
anhafaleddau graffigol 97
anhysbysion wedi eu sgwario 90
arc 28
arwydd + anweledig 84
arwynebedd arwyneb 31
arwynebedd trawstoriad 30
arwynebedd trawstoriad cyson 30
arwynebeddau 29, 41
"Ax = B", 89, 90

B
barcud, siâp 26
blaenolwg 41
bloc petryalog 30
botwm ail isradd 82
botwm canslo 16

botwm ffracsiynau 13, 18, 53, 56
botwm ffurf safonol 19
botwm gwrthdro 46
botwm plws/minws 17
botymau cof 17
botymau cromfachau 18
buanedd 11, 53, 76, 95
buanedd, pellter ac amser 53

C
canol cylchdro 34
canol helaethiad 33, 34
canolbwynt segment llinell 74
canolrif 61, 62, 65
canrannau 5, 14, 15
canslo ffracsiynau 12
canslo ffracsiynau algebraidd 84
casglu termau tebyg 84
cilogramau, kg 11
cilometr, km 11
ciwb 78
ciwboid 9, 31
clocwedd 43
coeden ffactorau 2
cord 28, 38-39
CORLAT 18, 83
COS, cosin 46, 47
croes-luosi 89, 90
cromfachau 78, 83, 84, 85, 89, 90
cromlin amlder cronnus 65
cromliniau llyfn 75, 94
cwmpas, defnyddio 48, 49
cydberthyniad 58

cyfanrif 4
cyfartaledd 61
cyfartaledd newidiol 66
cyfathiant 41
cyfeiliornad posibl o hanner uned 7
cyfeintiau 11, 30, 41
cyfeiriannau 43
cyferbyn, trigonometreg 46
cyfernodau 86, 92
cyfesurynnau 68, 73, 74
cyfesurynnau canolbwynt 74
cyflunedd 41
cyfnod, mewn cyfres amser 66
cyfradd gyfnewid 10, 76
cyfrannedd 5
cyfrannedd wrthdro 71
cyfres amser 66
cyfrifiannell 16-19
cylchdroeon 34
cylchedd 27, 28
cylchoedd 27, 28, 38-39, 40
cymarebau 53, 51
cymedr 61, 62
cymesuredd 23, 24, 25, 26, 70
cymesuredd cylchdro 25
cymesuredd llinell 24
cymesuredd plân 24
cynnig a gwella 87

CH
chwartel isaf 65
chwartel uchaf 65
chwartelau 65

D
dail 60
darganfod yr nfed term 21
data 61, 62
datrys hafaliadau 88, 89, 92, 94
datrys i ddarganfod anhysbysyn sgwâr 90
degolion 5, 14, 53
diagramau bocs a wisgers 65
diagramau coeden 57
diagramau coesyn a deilen 60
diamedr 27, 28, 38-39
diemwnt (siâp) 26
dilyniannau 1
dosraniad 60
dull cynnig a gwella 88
dulliau samplu 60
dwysedd 53

E
echelin x 68
echelin y 68
echelin z 68
eilrifau 1

F
fectorau 34, 44
fectorau colofn 44
fertig 31
fertigol 72

FF
ffactorau 2, 3
ffactorau cysefin 2
ffactorau graddfa 33, 34

Atebion a Mynegai

Mynegai

ffactorau trawsnewid 10, 11
ffactorio 85, 86, 90
FfCM, ffactor cyffredin mwyaf 3
ffigurau ystyrlon 6, 7, 8
ffiniau dosbarth 63
fformiwlâu 90
fformiwlâu cylchoedd 27, 28
ffracsiynau 5, 12, 13, 14, 53
ffracsiynau algebraidd 84
ffurf (indecs) safonol 19, 79

G
galwyni 11
geometreg 36-40
geometreg y cylch 38-39, 40
golygon 41
graddiant 72, 74, 76
graddliwio rhanbarth 97
graff bar llinell 58
graffiau 72-75, 93-97
graffiau gwasgariad 58, 59
graffiau llinell 58
graffiau llinell syth 70, 73, 74
graffiau teithio 95
graffiau x^3 71
gwahaniaeth cyffredin 20
gwahaniaeth rhwng dau sgwâr 78
gwahaniaethau, patrymau rhif 20
gwasgariad 60
gwerth gwreiddiol, canrannau 15
gwerthoedd canol cyfwng 63

H
hafaliad graff llinell syth 74
hafaliadau 88, 89, 92
hafaliadau cwadratig 86
hafaliadau cydamserol 92, 93
hecsagon 23
helaethiadau 33, 35
heptagon 23
hypotenws 46

I
indecsau 81

L
litrau 11
locws/locysau 48, 49

LL
llathenni 11
LlCLl, lluosrif cyffredin lleiaf, 3
lleoedd degol, talgrynnu 6
llinell ddrych 24, 34
llinell rif 78
llinell y gogledd, cyfeiriannau 43
llinellau paralel 37
llorwedd 72
lluniadau 48, 49
lluosrifau 2, 3
lluoswm ffactorau cysefin 2

lluosydd, patrymau rhif 20

M
maint sampl 60
manwl gywirdeb 8
map 10
màs 53
milimetrau, mm 11
milltiroedd 11
modfeddi 11
modd 61, 62
moddau, cyfrifiannell 19
mynegai pris manwerthu 66
mynegiadau algebraidd 84-85, 89, 90

N
nfed term 21
nodiant tair llythyren ar gyfer onglau 40

O
octagon 23
ochr agos 46
ochrolwg 41
odrifau 1
ongl godi 47
ongl mewn hanner cylch 38-39
ongl ostwng 47
onglau 23, 36-41, 32
onglau aflym 32
onglau allanol 23, 36, 37
onglau atblyg 32
onglau llym 32
onglau mewnol 23, 37
onglau 60° a 90° manwl gywir 49
ownsys 11

P
paralelogramau 27, 32
patrymau rhif 20
pedrochrau 36, 32
peintiau 11
pentagon 23
perimedr 29
petryalau 9, 27, 32
pi, π 27, 28, 29, 32
plotiau bocs 65
plotio 64, 75
polygonau 23, 37
polygonau afreolaidd 37
polygonau amlder 58
prismau 30, 31
pŵer ½, israddau 82
pwerau 1, 18, 81, 82
pwerau ffracsiynol 81
pwynt degol 79
pwysau 11
pwysi 11
pyramid 31

R
radiws, radiysau 27, 28, 38-39

RH
rhannu cyfrannol 51
Rheol Aur 61
rhifau ciwb 1
rhifau cysefin 4
rhifau negatif 78, 96
rhifau sgwâr 1
rhifau triongl 1
rhwydi 31

S
sector 27
segment 27, 38, 39
seroau 7
sgwariau 17, 23, 26, 32
siapiau 26
siapiau bwced x^2 70
siapiau cymhleth 29
siapiau "Z", "C" ac "U" 37
siartiau 58, 59
siartiau bar 58
siartiau cylch 59
SIN, COS a TAN 46, 47, 45
solidau 26, 30, 31
stonau 11

T
tablau amlder 62-64
tablau amlder grŵp 63
tablau tri gwerth 73, 75, 93
tafluniadau 41
tafluniadau isomedrig 41
talgrynnu 9
tangiad 28, 38-39, 46, 47
TAN 46, 47
tarantwla 57
tardd 69
tebygolrwydd 56, 57
termau 85, 89, 90
trapesiwm 26, 27
trawsfudiadau 34, 35
trawsffurfiadau 34, 35
trawsnewid amser 54
trawsnewid degolion yn ffracsiynau 5
trawsnewid Ffracsiynau, Degolion, Canrannau 5
trawsnewidiadau metrig-imperial 11
trawstoriad, prismau 30
trefn cymesuredd cylchdro 25
trigonometreg 46, 47
triongl hafalochrog 23, 26, 49
trionglau 26, 27, 36, 37, 47
trionglau fformiwla 33, 46, 47, 52, 53, 54
trionglau isosgeles 23, 26, 36, 38-39

trionglau ongl sgwâr 26, 46, 45
troedfeddi 11
trydydd israddau 17, 81, 82
tueddiadau, mewn cyfres amser 66
tunelli, tunelli metrig 11
twf/dadfeiliad cyfansawdd 91
twf/dadfeiliad esbonyddol 91
tymoroldeb 66

TH
theorem Pythagoras 45
theta, θ 46

U
uchder fertigol trionglau 27
uchder trionglau 27
unedau 11, 54, 76
unedau echelin x ac y 76
unedau imperial 11
uwcholwg 41
uwd 51

W
wisgers 65
wyneb 31

X
x = a ac y = a, llinellau 69

Y
"y = mx + c" 70, 74
ymyl 31
ystyr graddiant 76